新时代我国国际经济贸易战略选择与发展趋势研究

廖　靓◎著

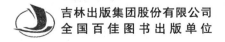

吉林出版集团股份有限公司
全国百佳图书出版单位

图书在版编目（CIP）数据

新时代我国国际经济贸易战略选择与发展趋势研究 /
廖靓著 . -- 长春 : 吉林出版集团股份有限公司 , 2022.8
ISBN 978-7-5731-1833-2

Ⅰ . ①新… Ⅱ . ①廖… Ⅲ . ①国际贸易 - 贸易发展 -
研究 - 中国 Ⅳ . ① F752

中国版本图书馆 CIP 数据核字 (2022) 第 140920 号

XINSHIDAI WOGUO GUOJI JINGJI MAOYI ZHANLÜE XUANZE YU FAZHAN QUSHI YANJIU
新时代我国国际经济贸易战略选择与发展趋势研究

著　　者	廖　靓	
责任编辑	杨　爽	
装帧设计	优盛文化	

出　　版	吉林出版集团股份有限公司	
发　　行	吉林出版集团社科图书有限公司	
地　　址	吉林省长春市南关区福祉大路 5788 号　邮编：130118	
印　　刷	定州启航印刷有限公司	
电　　话	0431-81629711（总编办）	
抖 音 号	吉林出版集团社科图书有限公司　37009026326	

开　　本	710 mm×1000 mm　1 / 16	
印　　张	12.25	
字　　数	220 千	
版　　次	2022 年 8 月第 1 版	
印　　次	2022 年 8 月第 1 次印刷	

书　　号	ISBN 978-7-5731-1833-2	
定　　价	78.00 元	

前/言

当今在经济全球化的大背景下，国家与国家之间的联系日趋紧密，世界经济形势发生了翻天覆地的变化，世界处于百年未有之大变局中，世界上多数国家和地区早已被卷入经济全球化的浪潮中，共同面临新的机遇与挑战。国际贸易早已成为推动经济全球化的重要力量，也是世界各国经济关系的"指示牌"。因此，在经济全球化的背景下，在我国经贸地位不断提升的今天，只有关注国际经济与贸易发展趋势，才能谋求经济稳中求进，做出有利于我国经济发展的战略决策。所以，对国际贸易的研究变得极为重要，也富有极强的时代意义。

中国于2001年12月11日加入世界贸易组织（简称"世贸组织"），成为世贸组织第143个成员，标志着中国对外开放已经进入一个新的历史发展阶段。中国加入世贸组织之前，中国人均GDP不足1000美元，而2021年人均GDP已经达到1.2万美元。改革开放40多年来，在对外贸易这个巨型"引擎"的牵引下，中国经济飞速发展，中国已经成为名副其实的世界经济大国。中国经济连续多年对世界经济增长贡献率超过30%，成为世界经济增长的主要稳定器和引擎。进一步全方位扩大对外开放，实现由商品和要素流动型开放向规则等制度型开放转变，制定和实施负面清单制度，推动贸易和投资自由化、便利化等多项措施，是新时代我国国际经济贸易战略的必然选择。

本书以新时代我国国际经济贸易战略选择与发展趋势为主要研究内容，一共七章。第一章对国际经济贸易相关概念进行界定；第二章对国际经济贸易政策与理论进行基础性阐述；第三章论述了我国发展对外贸易的主要战略；

第四章对外汇与市场调节战略进行了阐述,并总结了可借鉴的经验;第五章以中国对外投资战略为切入点,深入分析解读了中国对外投资的方式;第六章以国际贸易融资为论述内容;第七章针对中国对外贸易的发展趋势进行了进一步的论述。

因时间和精力有限,本书内容难免有不足之处,恳请广大读者和专家学者予以指点与斧正。

廖　靓

2022 年 1 月

目 / 录

第一章　国际经济贸易概述

第一节　国际经济贸易的概念及相关概念

一、国际经济贸易的概念

以哥伦布开辟新航路为起点，世界逐渐联系成为一个整体。当前世界呈现出经济全球化的发展趋势，国家之间的贸易往来是国家与国家之间不可或缺的联系之一。

国际经济贸易（简称"国际贸易"）是世界各个国家之间、地区与地区之间进行货物、货币与服务等方面的交换活动。国际经济贸易有广义概念和狭义概念之分。广义的国际贸易除了商品的进出口外，还包括服务贸易，也就是各国之间在运输、保险、旅游、通信、技术、劳务输出等方面相互提供服务。可以从三个层次来理解国际贸易：第一层次是国际贸易发生的主体地域范围——国（或地区）与国（或地区）之间，当然也包括单独关税区之间或国家与单独关税区之间；第二层次是国际贸易涉及的交换内容，包括商品和服务；第三层次是国际贸易发生的制度环境。与国内贸易相比，国际贸易不仅涉及不同货币的兑换，且受制于国际通行规则，而非一国的国内贸易规则。[①]

二、国际经济贸易的相关概念

（一）国际贸易额与国际贸易量

国际贸易额又称世界贸易额，是指以某种货币表示的世界各国对外商

---

① 刘辉群:《国际贸易》，厦门大学出版社，2012，第2页。

品交换价值的总和。一定时期内一国的全部出口商品收入即为该国的出口总额,而全部进口商品的支出则为该国的进口总额,两者相加之和即为该国的对外贸易总额。[1] 国际贸易额通常以美元为单位,因为美元是国际贸易中应用最为广泛的结算货币,以美元为单位也是为了更加便利地进行国际贸易。

一个国家的进出口贸易总额或者说进出口总额,是由一个国家在一定时期内的进口贸易总额与出口贸易总额相加得出的。进口贸易总额即进口总额,是指一个国家在一定时期内从国外进口商品的全部价值总额。出口贸易总额即出口总额,是指一个国家在一定时期内出口商品至国外的全部价值总额。众所周知,世界出口总额是小于世界进口总额的,因为当前世界绝大多数国家按照离岸价(FOB)价格计算出口额,按照到岸价(CIF)计算进口额。FOB 价格指的是起运港船上交货价,计算出口额时只计算成本和起运港港口相关费用,不包含运费和保险费用。CIF 价格指在计算进口额时,用成本加保险费用和运费的总额。

为了避免重复计算,在计算国际贸易额时,不能直接把世界各国和各地区的进口总额和出口总额加起来;同时,因为进口总额中包含了货物本身的价值、保险费和运费,因此同样也不能将各国和各地区的进口总额简单相加作为国际贸易额。通常情况下国际贸易额是将世界各国和各地区的出口总额相加得出的。

国际商品价格波动影响国际贸易额,因此,国际贸易额很难真实、准确地反映国际贸易的真实规模及其变化。为避免这一弊端,国际贸易量剔除价格变动影响来反映国际贸易实际数量变化,它是用于反映国际贸易的真实规模及其变化的一个指标。国际贸易量的计算公式为:

国际贸易量 = 进出口贸易额 / 进出口价格指数 × 基期价格指数

价格指数 = 报告期价格 / 基期价格 × 基期价格指数

国际贸易量不受价格变动影响,只反映国际贸易的数量,能较为准确地反映国际贸易的实际数量变化。因此,国际组织在统计资料时,往往会结合国际贸易额和国际贸易量这两种数额对照参考。

(二)贸易差额

贸易差额是指在一定时期内,一个国家或一个地区出口总额和进口总额之间的差额。贸易差额可以分为贸易顺差和贸易逆差。贸易顺差是指某个

---

[1] 于刃刚:《涉外经济贸易知识手册》,中国经济出版社,1994,第 38 页。

国家或者某个地区出口总额大于进口总额。贸易顺差也可称为贸易黑字，在我国也被叫作出超，它是指一个国家或一个地区收入的货款和服务报酬大于支出的货款和服务报酬。当一个国家或地区经常在国际市场上出现贸易顺差时，这说明该国或地区在国际市场上处于优势地位。贸易逆差是指一个国家或一个地区收入的货款和服务报酬小于支出的货款和服务报酬，也可以叫作贸易赤字，在我国也被叫作入超。当一个国家或地区长期在国际贸易中出现贸易逆差时，这说明该国或该地区在世界市场上处于劣势地位。当一个国家或者地区出口总额和进口总额相等时，这被称为贸易平衡。但是由于国际经济贸易交往频繁，国家或者地区进出口贸易中出现贸易差额难以避免，绝对的贸易平衡是不存在的。

通过衡量贸易差额，可以判断一个国家或者一个地区对外贸易的基本情况。通常在国际贸易中，贸易顺差表示在外贸收支中占有利地位，贸易逆差表示在外贸收支中占不利地位。因此，凯恩斯主义提倡贸易顺差，凯恩斯认为贸易顺差有利于本国经济的发展。受他的理论影响，各国或各地区领导人都在谋求贸易顺差，并且稳定本国或本地区的货币币值。但是长期保持贸易顺差则意味着大量资源出口到外国，会促使本国或本地区币值升值，不利于扩大出口；并且若本国出口贸易长期大于进口贸易，长时间的贸易顺差有可能导致本国与他国的贸易摩擦。

（三）国际贸易商品结构和对外贸易商品结构

国际贸易商品结构是指在一定时期内，各类商品在国际贸易中所占的比重和地位，通常以国际贸易总额中的比重来表示。例如，某年的国际贸易总额为 200 亿美元，其中纺织品贸易金额为 20 亿美元，那么，纺织品贸易在国际贸易商品结构中占 10%。

对外贸易商品结构则是指一个国家在一定时期内，各类商品在对外贸易中所占的比重和地位，通常以商品贸易总额在出口贸易总额中的比重来表示。例如，某国 2020 年的出口总额为 300 亿美元，其中出口食品总额为 30 亿美元，高新产品总额为 3 亿美元，则该国的对外贸易商品结构为：食品占10%、高新产品占 1%。

随着生产力和劳动技术的不断发展，国际贸易商品结构和对外贸易商品结构不断优化和发展。一旦国家科技水平上升，生产力提升，必然导致生产初级产品的比重下降，制成品则正相反，比重将大幅上升，劳动密集型产品比重相应减少，技术密集型产品比重随之增加，这也是发展的必然趋势。

（四）贸易条件

1.商品贸易条件

商品的贸易条件指出口价格指数与进口价格指数之比，也就是进出口贸易比价。贸易条件是商品贸易条件中最常见最基本的一种，没有明确的界定下贸易条件就是商品贸易条件。商品贸易条件计算公式如下：

$$N = \left(\frac{P_x}{P_m}\right) \times 100 \tag{1-1}$$

其中，N 代表商品贸易条件，P_x 代表出口价格指数，P_m 代表进口价格指数。

应用该公式算出的结果可以反映贸易条件情况，如果结果大于 100，代表指数上升，则贸易的条件得到改善，出口价格相较于进口价格呈上涨趋势，表示每出口一单位商品相较过去换回的进口商品量增多，贸易条件比基期有利，贸易利益随之增大。应用该公式算出的结果如果小于 100，代表指数下降，则贸易的条件恶化，出口价格相较于进口价格呈下降趋势，代表每出口一单位商品相较过去换回的进口商品量减少，贸易条件比基期不利，贸易利益随之减少。

比如，A 国商品贸易条件以 2020 年为基期是 100，2021 年时出口价格指数下降 5% 为 95，进口价格指数上升 10% 为 110，那么 A 国 2021 年的商品贸易条件为：

$$N = （95 \div 110） \times 100 \approx 86.36$$

由此可知，从 2020 年到 2021 年，A 国商品贸易条件发生改变，从 2020 年的 100 下降为 2021 年的约 86.36，2021 年与 2020 年相比，商品贸易条件恶化了约 13.64。

2.收入贸易条件

一国出口商品的实际收入水平是该国的收入贸易条件。收入贸易条件用于反映一个国家对出口商品的实际购买力。在计算收入贸易条件时，需要将出口数量的变化纳入考虑范畴，计算公式为：

$$I = \left(\frac{P_x}{P_m}\right) \times Q_x \tag{1-2}$$

其中，I代表收入贸易条件，Q_x代表出口数量指数。

例如，A 国进出口价格指数与上例相同，A 国的出口数量指数从 2020 年的 100 上升到 2021 年的 120，则 A 国 2021 年的收入贸易条件为：

$$I=（95÷110）×120 ≈ 103.64$$

由此可证，尽管 A 国商品贸易条件恶化，但是 A 国出口量增加，2021 年 A 国的购买能力（进口能力）相较 2020 年提高了约 3.64，表明贸易条件正在得到改善。

3. 单项因素贸易条件

在商品贸易条件的基础上，将出口商品劳动生产率的变化因素纳入考虑范畴，得出单项因素贸易条件，即出口商品劳动生产率的变动对贸易条件的影响。计算公式为：

$$S =\left(\frac{P_x}{P_m}\right)\times Z_x \tag{1-3}$$

其中，S 代表单项因素贸易条件，Z_x 代表出口商品劳动生产率指数。

例如，假设进出口价格指数与上例相同，那 A 国出口商品的劳动生产率，由 2020 年的 100 上升至 2021 年的 130，则 A 国的单项因素贸易条件为：

$$S=（95÷110）×130 ≈ 112.27$$

从 2020 年到 2021 年，尽管 A 国贸易条件在恶化，但劳动生产率却在提升，贸易条件仍呈现出改善的态势。

4. 双项因素贸易条件

不仅考虑出口商品劳动生产率的变化，而且考虑进口商品劳动生产率的变化，这种贸易条件称为双项因素贸易条件。公式如下：

$$D =\frac{P_x}{P_m}\times\frac{Z_x}{Z_m}\times 100 \tag{1-4}$$

其中，D 代表双项因素贸易条件，Z_m 代表进口商品劳动生产率指数。

例如，A 国进口价格指数和出口商品劳动生产率指数与上例相同，A 国进口商品劳动生产率指数从 2020 年的 100 上升至 2021 年的 105，则 A 国双项因素贸易条件为：

$$D = (95 \div 110) \times (130 \div 105) \times 100 \approx 106.93$$

不难得出 A 国出口商品劳动生产率指数同期高于进口商品劳动生产率指数，则 A 国贸易条件得到改善。

贸易条件是衡量一国对外贸易效益的综合指标，也是在国际贸易中不等价交换的重要指标。长期以来，发达国家向发展中国家出口的商品价格持续上涨，而从发展中国家进口的商品价格则上涨缓慢，甚至价格下降，导致交换比价的剪刀差扩大。因此，就目前而言贸易条件对发达国家有利，而对发展中国家不利。

第二节　国际经济贸易的产生与发展

一、国际经济贸易的产生

国际经济贸易的产生必须具备以下两个条件：一是有剩余的产品作为商品用于交换，这一交换过程通常称为贸易；二是交换要在不同国家或地区间进行。因此，国际经济贸易是在社会生产力发展到一定程度，社会分工逐渐扩大的条件下产生和发展的。

（一）原始时期的商品贸易

在原始社会早期，生产力水平极低，物质条件只能满足生存的基本需要，因此，没有剩余产品可以用于交换。

随着生产力的发展，人类社会产生了三次社会分工。第一次社会分工是指畜牧业和农业之间的分工。这种社会分工促进了原始社会生产力的发展，产生了少量剩余产品。氏族和部落偶尔会用剩余产品交换非本氏族或部落制造的产品。人类历史上的第二次社会分工指的是手工业与农业的分离，这次分工促进了以交换为目的的商品的出现。在人类历史上的第三次社会分工中，出现了专门从事贸易的商人，商人通过销售商品获利。到原始社会末期，商品流通进一步发展。

（二）奴隶社会的国际经济贸易

在以自然经济为主导的奴隶社会，奴隶主占据着主要的生产资料和劳动力，生产主要用于维持生活的必需的物质资料。物质生产的主要目的并不是用于交换，而是维系生活、自用。因此在整个国家中用于商品流通的物质资料很少，流通商品数量也少。同时，即便有个别奴隶主乐于进行商品的流通交换，但是在当时低下的社会生产力以及简陋的交通工具条件下，贸易的水平和内容都受到极大的限制。

文明起源于沿海地区和沿河地区，当时贸易也主要集中在沿海地区或者沿河地区，例如，当时政治经济发展程度较高的希腊、罗马等国家、地区，以及中国黄河流域等地方。由于贸易往来往往由奴隶主主导，因此用于贸易的主要商品是奴隶主追求的奢侈品，如当时流行的香料、珍奇的珠宝等。

（三）封建社会的国际经济贸易

封建社会的国际经济贸易相较于原始社会和奴隶社会有很大程度的发展。在中国的封建社会时期，最早在公元前 2 世纪的西汉，张骞开辟了丝绸之路，打开了对外贸易的大门，往来商人将茶叶、丝绸等商品经由丝绸之路，从中国运往中东及欧洲等地区。明朝时期，明成祖派遣郑和七下西洋，打开了海上通商之路，发展我国和亚非各国的海上贸易。同时期欧洲地区的贸易也在扩大范围，波罗的海、黑海、北海等地区的贸易往来频繁，并且开启了与东方的贸易往来。

封建社会的国际经济贸易之所以有进一步的发展，主要是因为社会生产力明显提升，促进了社会分工与商品经济的发展，伴随着交通方式的嬗变发展，以及封建剥削阶级生活享受的需要，国际经济贸易进一步活跃。但是贸易的范围主要是在亚欧大陆之间，贸易的范围和贸易商品的种类仍受局限，贸易活动主要以封建阶级的需要为主要内容。

（四）资本主义的国际经济贸易

14—15 世纪，资本主义萌芽于地中海沿岸的威尼斯等地，资本主义的萌芽标志着经济贸易往来不再是边缘角色，逐渐迈上了历史中心舞台。15世纪末到 16 世纪初，麦哲伦、哥伦布等航海家的地理大发现逐步促使世界融为一个整体，大量来自欧洲的航海家、冒险家前往非洲、美洲开启不平等的掠夺性贸易。这些来自欧洲的"贸易者"不仅在美洲、非洲地区获得了大量的金银财富，甚至开启了罪恶的黑奴贸易，将这些地区占据为自己的殖民地。殖民地地区为欧洲某些国家的发展提供必要的原材料，同时也是这些国家的商品市场。这样，欧洲某些国家既实现了资本原始累积，又进一步推动了国际经济贸易往来。

资本主义的萌芽促进了国际经济贸易的发展，工业革命后国际经济贸易的高峰随即而来。在 18 世纪 60 年代到 19 世纪 60 年代，英国人瓦特改良蒸汽机标志着工业革命的开端，随后其他的欧洲先进国家相继完成了工业革命。这些国家的工业纷纷从过去的手工业更新为机器大工业，提高了商品产量。同时，现代化的交通工具和通信工具的发明与改进，促使世界逐渐联系成为一个整体，国际分工体系建立。在 19 世纪的前 70 年，世界的国际经济贸易额增长了六倍以上。由此可知，国际经济贸易与资本主义的生产方式相互联系，国际经济贸易是资本主义生产方式产生的前提，也是资本主义发展的必然结果。

1. 资本主义生产方式产生的前提

国际经济贸易为封建主义向资本主义发展提供了必要的劳动力、原材料、资本、市场，促进了资本的原始积累，为资本主义生产方式的产生奠定了必要的物质基础。

例如，英国的"圈地运动"为英国资本主义发展提供了大量劳动力，并且新兴资产阶级通过出口羊毛纺织品获得资本。新航路开辟后，欧洲部分国家的殖民掠夺为本国积累了大量原始资本，它们从殖民地获取原材料进行加工，通过国际经济贸易将资本主义机器大工业生产的商品销往殖民地。

工业革命带来技术的变革，提高了社会生产率，欧洲先进国家通过国际经济贸易推动了封建主义向资本主义的过渡，加快了社会变革进程，实现了社会生产力的发展和生产关系的变革。

2. 资本主义发展的必然结果

由封建主义嬗变为资本主义之后，工业革命带来的机器生产，要求发展国外的市场与国际经济贸易，通过贸易促进本国资本经济的发展。

国际经济贸易是资本主义发展到一定阶段之后的必然选择，正如列宁所说："没有国际经济贸易的资本主义国家是不能设想的，而且也的确没有这样的国家。"[①]20 世纪初期，时任美国商务部部长的雷德菲尔德也曾经将国际经济贸易比作美国经济的钟摆，时钟通过钟摆的摆动控制着自身的运转，同样，国际经济贸易对美国经济也起到控制作用，国际经济贸易的运转影响着美国经济的发展水平。美国从世界其他地方获取生产必要的原材料，通过工厂机

---

① 本书编写组：《〈马克思恩格斯选集〉简介》，辽宁人民出版社，1979，第 102 页。

器加工后，将本国生产过剩的商品销往其他国家，换取利益，实现资本积累。

国际经济贸易作用如图 1-1 所示。

提高利润率	• 降低生产成本。 • 取得规模经济利益。 • 攫取超额利益。 • 资本输出，就地设厂，降低生产成本。
促进劳动生产率的提高	• 国际竞争迫使劳动生产率的提升。 • 普及了科学技术，带动经济发展。 • 利用国际分工，节约社会劳动力。
确立资本主义世界经济体系	• 资本主义商品生产具有普遍的、世界的性质。 • 资本主义生产关系在世界范围内扩展。

图 1-1　国际经济贸易作用

二、当代国际经济贸易的发展

第二次世界大战过后，从战后复苏到第三次产业革命完成，在技术推动下，国际经济贸易进入新的经济增长期。国际商品市场对机电产品、计算机、有色金属、石油、石化产品等方面产品的需求大幅度增长。第二次世界大战过后，各国经济迅速增长的原因主要有以下几点：

（一）成立世界贸易组织促进了国际经济贸易的发展

1995 年 1 月 1 日，世界贸易组织代替原有的关贸总协定，转变为一个正式的世界经济组织。世界贸易组织开始行使监督全球经济贸易秩序、协调国家或地区间的贸易关系、制定国家间或者地区间的贸易政策和贸易协定的职责。世界贸易组织根据原有的关税规则，协调国家、地区间的贸易争端，加强国家、地区之间的贸易往来与贸易合作，将管理协调的范围扩大至世界版图。该组织的成立促进了世界贸易新格局的形成，促进了世界公平合作新格局的形成，促进了贸易全球化和自由化的大发展、大繁荣。

（二）区域集团化的发展趋势促进了国际经济贸易的发展

第二次世界大战后，许多国家为了保护本国利益，谋求更多经济效益，在区域范围内形成了一些地区性经济集团。这些地区性经济集团，在集团内部实行高度的自由贸易往来，相互降低甚至免除贸易关税，打破贸易壁垒，促进集团内部贸易往来；对待集团外部国家，则采取排斥或者打压的贸易政策。

西欧各个国家在欧盟成立扩大后整体实力大幅上升，促进了欧盟各国经济的发展和区域内部经济的整体发展。北美自由贸易区签订《北美自由贸易协定》，使得北美地区以及太平洋地区的经济联系日益加深。亚太经济合作组织成员早在 1994 年就宣布了《茂物宣言》，为亚太地区的贸易与投资确立了长远目标和自由贸易的基本原则。

（三）科技腾飞促进了国际经济贸易的发展

随着电子商务的普及与发展、高新技术的升级以及数字化的国际经济贸易往来，国际分工不断加深。产品紧随科技发展更新换代，促使产业结构不断向更高层次发展，国际分工更加明确、细化。国际合作不断增多，并不断加深合作程度，国家与国家之间相互依赖、相互渗透、相互影响，国际商品贸易往来于世界市场之中。

（四）跨国公司和国际服务贸易促进了国际经济贸易的发展

跨国公司的迅速发展促进了国际经济贸易的发展。目前全球的跨国公司占据世界出口贸易的 2/3，并且仍在进一步发展，不断改变商品从生产到销售的整个过程。跨国公司往往从原料市场到销售市场都进行垄断，采取国际投资、技术垄断、贸易壁垒等手段控制着国际经济贸易。

改革开放后，我国经济进入快速增长时期，与他国或者地区的贸易往来连年上升。1991 年，中国与东盟双边贸易额仅为 79.6 亿美元；2021 年前 11 个月，双方贸易额达 7 895.3 亿美元，同比增长 29.8%。近几年，我国对外贸易仍保持稳定增长，图 1-2 为我国 2011—2021 年贸易出口额。

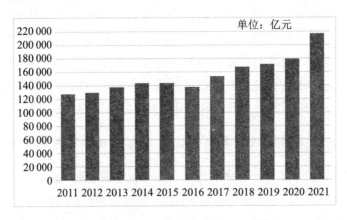

图 1-2　我国 2011—2021 年贸易出口额

第三节 国际经济贸易的特征

国际贸易的特征随着时代的变迁不断发生变化，例如，传统的国际贸易是国际进行商品贸易往来的过程，但是现在越来越多的跨国贸易企业倾向于将生产要素作为国际贸易的交换内容。例如，将商品生产再销售，要考虑生产的原材料成本、交通运输费用、进出口关税费用等多项因素，商品交换过程充斥着风险与不确定因素。但是如果直接将生产所需的技术知识卖给市场国家的生产公司，则可以很好地规避风险，并且给公司带来经济效益。除此之外，很多公司选择贸易合作，也丰富了国际贸易的形式和内容。因此，国际贸易的基本内容和特征就是广泛的国际商品交换活动以及在这个过程中产生的跨国经营活动。不同时期的国际贸易特征在基本特征的基础上会有时代的烙印，因而有所不同。以下展开阐述国际贸易的历史特征和现代特征。

一、国际经济贸易的历史特征

（一）资本主义时期以前的国际经济贸易的特征

从奴隶社会到封建社会，商品贸易往来进一步发展，但国际贸易并未占据重要地位。资本主义时期以前的国际经济贸易具有如下特征。

1. 局限于近海国家间或者内陆邻近国家间

无论是奴隶社会时期还是封建社会时期，交通都仍停留在发展水平低、发展缓慢的阶段，因此贸易往来的范围具有明显的地区性。封建社会初期，国际贸易集中于地中海一些邻近国家之间。11世纪后，国际贸易集中于雅典、古罗马、波罗的海地区国家之间。在这一阶段，东方文明古国之间几乎没有贸易往来，并且人们尚未知晓美洲大陆。

2. 国际贸易商品数量和种类少

在奴隶社会时期和封建社会时期，劳动生产产物主要用于应用而不是贸易交换。当时社会生产力水平较低，进入国际贸易流通的商品数量很少，普通劳动人民几乎不进行国际贸易，奴隶社会和封建社会的国家间交换的商品主要以奢侈品为主，也包含少量本国稀缺的生产资料。

3. 偶然性

在奴隶社会时期和封建社会时期，在自然经济的历史条件下，大部分的国家都可以做到自给自足。国际贸易不会受到奴隶主或者封建王朝统治者的鼓励，甚至在部分历史时期商业贸易受到统治者的压制，因此这种自发的贸易往来具有偶然性。

（二）资本主义时期国际经济贸易的特征

资本主义时期，国际贸易高速发展。伴随资本主义萌芽，资本主义生产力得到迅速发展，推动了资本主义生产关系的变革和国家内部的贸易需求以及对外贸易需求增长，从而推动了国际贸易的发展进程。在 1850—1913 年这 63 年中，国际贸易量增长了 10 倍。国际贸易逐渐将孤立的各个国家联系成一个整体，形成一个巨大的贸易网络。贸易商品种类日益繁多，贸易形式多种多样。在这一时期国际贸易的具体特征如下。

1. 资本生产方式迅速确立

新兴资产阶级通过推行殖民制度、贩卖奴隶、开展商业战争、建立保护关税制度等手段，使货币财富迅速集中于少数人手中的过程叫作资本原始积累。资本原始积累打破了生产的封建束缚，扩大了世界市场，增加了流通商品的种类，是资本生产方式确立的强大推力。

2. 首先发生于资本主义工业国家

圈地运动、工业革命为资本主义工业发展创造了必要条件，圈地运动带来了大量劳动力资源，工业革命为资本主义工业发展奠定了必要技术基础。纺织品、机器等工业革命的产物所占贸易比重连年上升，初级产品的贸易比重不断下降。拥有先进生产力的国家与仍在使用原始落后生产技术的国家之间的国际贸易越来越频繁。拥有先进生产力的资本主义工业国家出于对生产资料的渴求以及对生产的商品市场的需要，将仍在使用原始落后生产技术的国家卷入国际贸易中，资本主义工业国家在贸易中谋求生产所需要的原材料以及商品的市场。传统的集市贸易方式逐渐被抛弃，继而通过契约确立买卖关系的方式替换了原有的集市贸易方式，专门服务于国际贸易的组织不断涌现，繁荣了国际贸易市场。

3. 垄断逐渐替代自由竞争

资本主义自由竞争发展到一定程度后，这些国家就进入了资本主义垄断时期。垄断包括垄断资本、垄断国内市场和垄断国外市场。帝国主义国家为了实现垄断国际市场的目的，扩大资本输出和商品输出，并且结成国际垄断同盟，操控国际价格。

（三）第二次世界大战后国际经济贸易的特征

第二次世界大战过后，国际贸易局势十分复杂，各国为了本国经济的复苏，进入贸易保护阶段，从而发展本国经济。随着区域集团化的发展，诸多区域经济集团开始形成，并在集团内部实行高程度的自由贸易往来，相互降低甚至免除贸易关税，打破贸易壁垒，促进集团内部贸易往来；对待集团外部国家，采取排斥或者打压的贸易政策。总体上，各国之间贸易往来相互交织，相互竞争又相互依存。世界分工进一步发展，生产国际化趋势越来越突出，是国际贸易新的发展推动力。

二、国际经济贸易的现代特征

（一）国际经济贸易是在具体当事人之间进行的

对企业来说，国际经济贸易是国内贸易的延伸，主要目的是从国外市场获取经济利益。但是国际经济贸易不只是交易双方的贸易往来，因为国际经济贸易是跨越了国家界限进行的贸易活动，国家之间和谐的关系是国际经济贸易的必要条件。对于交易当事人来说，国家在国际经济贸易中占据重要地位，国家实施的外贸政策与措施会直接干预国际经济贸易活动，影响国际经济贸易走向。因此，国际经济贸易不只是交易双方的业务往来，背后是两个国家之间的商务往来。

（二）国际经济贸易要服从国际准则和世界市场法则

世界各个国家的生产力发展水平决定国际经济贸易的产生与发展，国际生产关系影响和制约国际经济贸易发展水平。短时期内某些国家的经济政策和经济发展状况可能对国际贸易的格局起到重要作用，但是世界生产力才是关键制约因素。因此对于一个国家来说，它参加国际贸易，首先需要遵循本国的相关政策与法规；其次，必须服从国际经济准则和世界市场的经济法规。只有按照国际惯例和国际规范确立相互之间的贸易关系，遵循世界市场的价值法则和竞争法则，各国才能在世界市场上长期立足并发展。

（三）国际经济贸易是比国内贸易更加复杂的商业活动

国内贸易相较于国际贸易是容易的。国际贸易除去必须关心的内容外，还不得不重视国家间的文化风俗、法律制度、商业习惯、社会制度等方面的差异。这些方面都会在不同程度上影响国际贸易的顺利进行。除此之外，国际贸易中涉及的两个国家或地区必须进行货币交易，而这受到国际汇兑的影响，国际经济贸易更加复杂。

第四节　国际经济贸易的方式

一、经销和代理

（一）经销

经销是指进口商（分销商）和出口商（供应商）达成协议后，在规定的时间和区域范围内进行商品销售。经销主要分为独家经销和一般经销两种。

1. 独家经销

独家经销也可以称为包销。国外经销商通过与出口商签订协议获得一定时期、一定区域内销售指定商品的专营权。这种专营权包括专卖权和专买权。专卖权是指出口商在协议时期内在某一地区只能通过该经销商销售指定商品，不能再将该区域的售卖权利授权他人。专买权则是指经销商在协议时期内只能售卖出口商的商品，不能经营同类商品，也不能将出口商商品带到协议上没有规定的区域售卖。

独家经销的优势与劣势都十分明显。首先，通过协议进口商和出口商达成了稳定的关系。在协议规定范围内，协议双方拥有一致的目标和共同的利益。出口商将重心放在产品的价值提升上，用心钻研，促进产品更新换代，提升产品的竞争力。经销商具有独家经营权，专心于销售，用心提供售后，实现双方口碑和利益的共赢。其次，独家经销对经销商的资金能力和销售能力都有较高的要求。经销商的销售能力决定其是否能达成最低销售限额，经销商居心不良则会在该区域压低价格，给出口商带来损失。

2. 一般经销

一般经销不涉及专营权，也就不涉及专买权和专卖权，出口商在同一时间、同一地区可以寻找几个经销商销售同类商品。

采取一般经销的方式，出口商与经销商需要签订买卖合同和经销合同，形成买卖关系，出口商按照协议供货，经销商按照协议购货，自担风险，自负盈亏。这种经销方式下的当事人关系如图 1-3 所示。

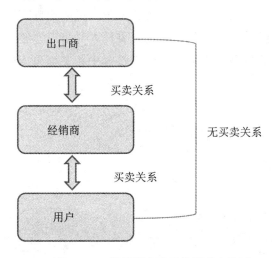

图 1-3　一般经销方式下的当事人关系

3. 经销过程中可能出现的问题

首先，选择合适的经销商是至关重要的一步。选择经销商要选择销售能力强、信誉好、资金雄厚的客户。选取独家经销商要尤需慎重，因此可以先与意向客户达成一般经销关系，经过一段时间的考察，再与优秀的符合标准的经销商签订独家经销协议。

签订经销协议时，必须按照市场调研和经销商实际发展水平确定经销数量和市场容量。经销数量应当为经销商通过努力可以达到的水平，一旦确定最低数额，为了避免经销商在签订合同后拖延执行，可以规定最低数额装运量，以及保留出口商在经销商未完成规定数额时的追究权利。

国际市场变幻莫测，出口商和经销商为了应对市场价格波动，一般采取在经销期分批作价的方法。若涉及知识产权保护，则必须在经销协议中明确指出，经销商在经销地区对经销商品的专利权和商标权要进行充分保护，另外，还应规定经销商不得制造、模仿或者复制该经销商品。

（二）代理

1.定义与特点

代理，是指有外贸经营权的公司、企业，根据无外贸经营权的公司、企事业单位及个人的委托，在委托的授权范围内，以委托人或者自己的名义办理进出口业务、收取手续费。国际经济贸易中大量的业务往来是通过代理商进行的。代理人按照委托人的授权，代表委托人与第三方签订合同。委托人享有承担由此产生的权利与义务。在代理过程中相关当事人的关系如图1-4所示。

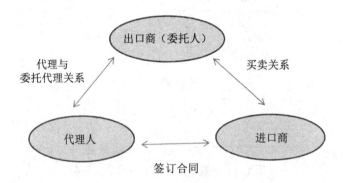

图1-4　代理过程中相关当事人的关系

代理具有以下的特点：代理人是在委托人授权范围内行使自己的权利，代表委托人从事商业活动；代理人不以自己的名义签订合同，不负责交易过程中产生的盈亏，只是在交易和经销过程中赚取佣金；代理人主要在进口商与出口商中间介绍生意、招揽生意，但是不承担连带的责任。

2.代理的类型

代理一般分为总代理、普通代理和独家代理三种。

总代理不仅享有独家销售指定商品的权利，还可以代表委托人从事相应的商务活动，处理其他与商品相关的事务。总代理一般拥有指派分代理、抽取分代理佣金等相关权利。在我国，考虑到总代理的权利较大，我国出口企业一般不委托外商担任我方总代理。

普通代理就是一般的代理，是指委托人在某个地区，在一定时期内，交付给几个代理人销售指定商品的任务，代理人按照与委托人签订的代理协议赚取一定佣金，促成产品在该地区的销售。

独家代理负责某产品在该区域销售，但是独家代理在指定区域和规定时间内，拥有指定商品的专营权，在规定时间内，委托人只能找该代理人负责销售指定商品，不能委托于其他代理人。在这个时间段内，委托人若未经代理人直接与客户进行交易，委托人必须向代理人支付一定的佣金。

独家代理和普通代理在诸多方面存在差异，表1-1直观地表明了二者的差异。

表1-1 独家代理和普通代理的差异

独家代理	普通代理
享有专营权	不享有专营权
佣金＝委托人在该地区成交的 所有成交单佣金	佣金＝经介绍成交的金额

3. 代理协议

代理协议就是指委托人与代理人间以法律文件形式规定的双方的权利和义务。

首先，代理协议包括双方当事人以及双方的法律关系、职权范围和应尽的义务。其次，代理商品、代理地区、代理类型、代理时限、代理佣金等都应在代理协议中写明。特别是佣金部分必须将实际出口的数量、佣金率、支付方法、最低成交额、非竞争条款等在代理协议中一一明确。

4. 代理方式的利弊与需要注意的问题

不同的代理方式都是为了扩大销售渠道、巩固扩大销售市场、开辟新的市场，代理人不承担经营的风险，销售数量直接影响代理的佣金，这有利于提高代理人的经营积极性。当然不管采用哪种代理方式都必须对代理人的资信进行审查，确保代理人不会出现"越俎代庖"或者"代而不理"的情况。除此之外，即便应用代理方式开辟海外市场，出口商也应当广泛地接触客户，不能完全依靠代理。

企业选用代理方式时，必须首先审慎地选择代理商，广泛接触、充分了解代理人，选择资信良好、销售渠道众多、能力出众的代理人。与代理人签订代理协议，必须全面明确规定双方的权利和义务。除此之外，要处理好本国在国外建立的合资企业和代理人之间的关系，加强与海外市场代理人的信息交流，及时交换有效的市场信息。

二、寄售、展卖和拍卖

（一）寄售

1.寄售贸易的定义与特点

寄售贸易是指对外贸易中委托销售的贸易方式。

寄售人将货物运至寄售地，由代销人在寄售地销售，在这样的交易过程中产生的关系是委托代售关系而不是直接的买卖关系。其中货物的所有权归寄售人所有，代销人在其中提供服务、收取佣金。货物售出之前产生的所有费用和风险都由寄售人承担。在寄售过程中相关当事人的关系如图1-5所示。

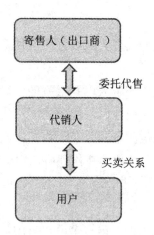

图1-5 寄售过程中相关当事人的关系

2.寄售协议的内容

寄售协议的内容中，首先应当明确双方当事人的关系，以法律文件的形式明确双方的权利与义务以及规定寄售商品的价格和相关佣金条款。寄售协议中必须明确代销人有提供储存寄售商品的仓库、办理进口许可证、保证货物在仓期间的完好、代付经营仓储期间产生的相关费用、广告宣传、向委托人及时反馈等义务。寄售协议中必须明确委托人有保质保量按时提供货物、及时偿付代销人经营仓储期间产生的相关费用等义务。

3. 寄售贸易的利弊与需要注意的问题

寄售贸易的方式对于寄售人来说可以把握最佳销售时机、确定最佳销售价格、获取最大利益。寄售贸易的方式对于代销人来说,不承担售前费用和风险,因为是现货销售可以直接缩短整个销售流程,节约时间,避免资金的积压。但是对于寄售人来说整个销售过程承担的费用过高,风险较大,有可能因为销售过程中的任何一环出现问题而蒙受损失。

出口商(寄售人)在整个寄售过程中承担着较大风险与费用,因此采用寄售方式必须注意以下几点。首先,选择寄售市场时,尽量选择进出口外汇转移方便、税收与其他费用较低的地区。其次,选择代销人时,考虑到后续货物到达目的地后迅速售出,寄售人可以迅速收回货款,必须选择资信良好、销售渠道众多、销售能力突出的代销人。再次,选择寄售商品和寄售的种类时,必须结合销售的市场需要和当地的仓储条件。另外,出口商要尽量缩短结算期限,减少风险,加快资金周转。最后,必须制定合理的寄售协议,并且做好寄售管理工作。

(二)展卖

展卖就是应用各种展会对商品进行展览与销售的一种贸易形式。展卖是国际贸易中常见的一种贸易形式。

1. 展卖的作用

展卖方式可以直接扩大出口商品在国际市场的影响。展览可以起到宣传的效果,刺激买家的购买欲望,扩大产品销路。

展卖方式有利于信息的流通与交流。出口商在展销活动上能收集各种市场信息、商品技术信息等,从而在市场竞争中占据更多的信息资源。

展卖方式有利于拓宽贸易渠道,发现客源,建立发展与客户之间的关系,促进出口市场的多元化发展。

2. 展卖的类型

国际博览会也可称为国际集市,是在某一地点,由一个国家或者多个国家联合组办、邀请各国商人参加贸易的贸易形式。国际博览会包括综合性博览会，也就是在博览会上各类商品可以自由地展览交易。例如，智利的圣地亚哥国际博览会，规模比较大，产品齐全，博览会举办时间较长。与之相对应的展览某种专业性商品的博览会，可以称为专业性博览会。一般专业性博览会举办时间较短、规模较小。

中国进出口商品交易会简称"广交会"，成立于1957年，前身为中国出口商品交易会，自2007年起正式更名为中国进出口商品交易会。广交会是中国对外开放的重要窗口，促进了中国对外贸易的不断发展和增长。改革开放前，广交会的展览面积只有13万平方米，参观者1.8万人，成交额18.8亿美元。21世纪初，第103届广交会吸引了与会商人19.2万人，出口销售额达到382.3亿美元。广交会作为综合性、多功能的国际贸易盛会，时至2021年已经举办了130届。

在国外举行展览会，我国出口商品主要通过自行举办展卖会、支持外商举办展览会、与外商联合主办展卖会等方式进行展卖。

3.展卖应注意的问题

首先，选择适宜展卖的商品。并不是所有的商品都适宜在国际贸易中展卖，必须选择质量好有竞争力的商品。其次，必须选择适宜的展卖地点。通常选择中心地带作为博览会的地点。再次，选择好合作的客户。合作客户也需资信良好，并对市场有一定的了解。最后，必须加强组织宣传工作。不仅要吸引公众的注意力，还要促使所有的群众参加展会后，自发宣传，强化宣传效果。

（三）拍卖

拍卖就是在货主的委托下，在一定的时间和地点按照流程和规章制度，公开叫价，将货物卖给出价最高的买主。拍卖主要是针对规格复杂、价值昂贵、价格变动大的商品。这种公开竞价的交易，公开竞争，由货物的品质和拍卖的激烈程度决定商品的最终价格。

一般拍卖主要有增价拍卖、减价拍卖和密封递价三种拍卖方式。增价拍卖也是一般的拍卖方式，先宣布商品的最低起拍价格，买主自由出价竞争，最后价高者得。减价拍卖则是在拍卖之初报最高价，然后逐步降低价格，直到有人接受。一般鲜花、水果、蔬菜等商品会采取减价拍卖的形式。最后一种密封递价也就是招标式拍卖，拍卖者公开商品情况和拍卖条件，买家将自己的递价密封交给拍卖者，拍卖人审查后决定将货物卖给哪个买家。

三、招标与投标

国有企业或者是大型企业通常采用公开招标的形式采购大宗物资或是竞投某些工程项目。

招标和投标是一笔交易的两个构成部分。招标是招标人发出招标单，提出拟购商品的清单，邀请投标人在规定的时间到确定的地点投标的过程。投标则是投标人根据招标单，在指定的时间到指定的地点参加投标。

招标主要有国际竞争招标、谈判招标、两段招标三种方式。国际竞争招标就是在招标人发布公告之后，大众参与投标，投标人之间竞争，最终招标人选择最有利的投标人达成协议。谈判招标则是在几家客户谈判后达成协议。两段招标就是在公开招标之后，进行第二阶段的选择性招标。

四、商品期货交易

商品期货交易起源于 19 世纪后期的美国，改革开放以后传入我国，大大促进了我国对外贸易的发展。

期货交易就是在期货市场，靠照一定规章制度对期货商品按照合同进行买卖。主要的销售商品是初级产品，如咖啡、大豆、棉花等。期货不涉及商品的实际交付，在期货合同到期前对冲即可。

期货交易一共分为套期保值和投机交易两种。套期保值就是在买进或者卖出实际货物时，在期货市场上卖出或者买入同样的期货，利用期货市场和现货市场商品价格波动基本一致的原则弥补期货市场交易过程中有可能遭受的损失。投机交易则是卖空和买空，通过买入和卖出获利。卖空，是投机者预测价格下降卖出期货合同，等价格下跌及时低价补进从中获得利润。买空，就是投机者预测价格即将上涨，待到价格上涨后再卖出。

五、对销贸易

对销贸易是在古老的易货贸易基础上发展起来的以进出结合为基本特征的一种贸易方式。其本质含义是，不是单方的购买，而是双方有买有卖，一方的商品和劳务的出口必须以进口为条件。[1]

---

① 彭红斌、董瑾：《国际贸易理论与实务》，北京理工大学出版社，2020，第 429 页。

（一）互购

互购就是贸易双方相互购买对方的产品的对等贸易方式。双方在签订了合同之后，先由一方购买对方的货物，再由另一方购入前者货物。互购通常采用信用证进行，有利于资金的周转，但是对于先进口国来说要承担对方不履行合约的风险。

（二）补偿贸易

补偿贸易是指在信贷的基础上进口机器设备，然后用机器设备生产的产品或其他产品或劳务分期偿还机器设备价款的一种贸易方式。[1] 补偿交易分为四种类型：直接产品补偿、其他产品补偿、劳务补偿和综合补偿。根据补偿产品的方式不同，分类有所不同。出口国提供的信贷是补偿贸易的基础，补偿贸易实际上是一种商业信贷。进口设备与产品出口相关联。设备出口商应提供技术和设备，并获得补偿产品。进口商获得机器设备和生产技术，提供补偿商品。

补偿贸易可以弥补进口商支付不足，为其争取贸易伙伴，加强在市场上的竞争力。设备以及技术的进口方也可以提高技术水平扩大劳动生产率，增强出口商品的竞争力。当然这种补偿贸易也有局限性，主要表现在以下几个方面。首先，补偿贸易内容复杂，持续时间较长，一旦进口商或者出口商出现矛盾，贸易进行就会受到阻碍。其次，因为补偿贸易本身是复杂的贸易方式，所以必须做好项目研究，对己方条件、国际市场行情、收益率等多方面进行估算。最后，注意结算货币的选择，补偿贸易的设备需要适合己方发展需要。

六、加工贸易

加工贸易是指从国外进口原料、辅料、零部件、元器件和包装材料，利用本国设备和劳动力，经加工或者装配，将制成品再出口的贸易方式。[2] 加工贸易包括来料加工、进料加工和境外加工贸易三种。

---

① 《常用经济学名词解释》编写组：《常用经济学名词解释》，浙江人民出版社，1986，第325页。

② 彭红斌、董瑾：《国际贸易理论与实务》，北京理工大学出版社，2020，第356页。

（一）来料加工

来料加工就是由境外商人提供加工所需要的原材料、配料、零部件、包装原料等，按照要求标准加工装配，制成产品后交由境外商人销售，加工方收取加工费用。

来料加工是一种服务贸易，对委托方而言可以缓解劳动力不足、原料有余的矛盾，降低加工成本，提升产品在市场上的竞争能力，促进产业结构升级。对于承接方而言，可以缓解本国生产力充足、原材料不足的困境。来料加工可以实现双方的共赢。

来料加工一般涉及对来料也就是原材料的规定、加工后成品的标准规定、运输和保险费用规定、相关工人加工的费用和付款方法及各部分构成。选择来料加工要选择投资少、见效快、收益大、销路稳的商品进行装配。要正确处理好来料加工原材料进口和正常出口之间的关系。加工厂商要有维护自身利益的意识和法律知识，关于加工过程中涉及的相关专利以及商标使用，加工企业一定要在合同中明确表述。

（二）进料加工

进料加工指进口商在进口原料、加工材料以及相关辅助材料后制成成品后再出口。比如，我国有的服装品牌进口国外制衣面料，加工后再远销海外。

采取进料加工的贸易形式可以有效改变国内物资资源不足的困境，扩大商品出口。这种贸易形式有利于提升我国出口商品的档次。一个国家受到自然条件和社会条件的限制，是不可能所有的原材料都充足的，因此进口原材料可以不被国内资源限制，使生产的商品更加适销对路，提升商品的档次，增加外汇收入。

虽然进料加工可以弥补原材料不足的劣势，但是增加产品的开发能力，加强市场调研，是进料加工的必要手段。进口商要随时关注国际市场行情，对原材料和加工的商品价值都应当了如指掌。要精准核算进料的成本、在国内加工产生的费用控制成本，只有选择盈利高的产品才能创造更大的价值。

（三）境外加工贸易

境外加工贸易是我国践行"走出去"战略的关键之举。为谋求改善我国双边贸易不平衡的现状，要开展境外加工贸易，开拓东道国市场，维护双边贸易的稳定发展。开展境外加工贸易有利于突破贸易保护主义之间的贸易壁垒，将出口与对外投资相结合，冲破贸易保护主义的限制。开展境外加工贸易有利于推动我国技术升级换代和产业结构优化调整。开展境外加工贸易有利于我国企业提高经济效益。

在开展境外加工贸易时必须注意遵守本国法律和东道国法律、法规风俗习惯。除此之外，还必须选择好合适的合作伙伴，对加工的贸易项目也必须进行可行性研究，以确保加工贸易的顺利进行。

第二章　国际经济贸易政策与理论

第一节　自由贸易政策

一、自由贸易政策产生背景

工业革命起源于"海上国家"——英国，也正是工业革命助力英国成为"日不落帝国"，甩开西班牙、葡萄牙等原有强国成为"海上霸主"。18世纪60年代，英国工业革命在棉纺工厂里吹响号角，宣告革命要从资金周转迅速、获利颇丰的棉纺织业开始了。

早在1733年，凯伊发明了飞梭后，棉纺工厂中的织布能力就得到了迅速而显著的提高，但是紧随其后的是，棉纱成为一种供不应求的材料，进一步引发了所谓的"纱线短缺"材料缺口。为了解决这个问题，纺纱工人哈格里夫斯，在1765年发明了第一台珍妮纺纱机。与传统的手工纺纱机相比，珍妮纺纱机可以同时纺织16—18根纱线。后来珍妮纺纱机得到了进一步改造，一次可以同时纺纱80根，劳动生产率提高了足足四倍。珍妮纺纱机的发明及改进极大地提高了纺织效率。珍妮纺纱机也被学者视为工业革命中的第一台机器。工业革命也从这台纺纱机开始蓬勃发展并进一步推进。随之，另一个织工克朗普顿继续改造珍妮纺纱机，使之成为"骡机"。"骡机"可以同时旋转300—400个纱锭。

纺纱技术的全面革新对织布效率提出了进一步的要求，进而推动了织布机的改革，推动了制造业的发展。1785年，卡特赖特在原有基础上，进一步改革制造了水力织布机，改良技术后，织布效率提升了40倍。伴随纺织工业的迅猛发展，动力问题成为工业革命难以避免的棘手问题，也成为工业革命中的首要任务。1782年，瓦特改良了蒸汽机，之后蒸汽机广泛应用于工业，实现了机器工厂代替手工工厂，推动了机器制造业的机械化发展。

英国工业革命起源于棉纺织业这样的轻工业，进而引发了其他产业的连锁反应，互相推动促进，最终形成一场体系完整的工业革命。英国的整场工业革命历时百年之久，它不仅改善了工业生产技术，生产关系也随之相应调整，不仅适用于生产力的发展，而且进一步推动了生产力发展。

英国率先完成了工业革命，并在 19 世纪成为世界第一强国，是当之无愧的世界霸主。19 世纪 40 年代，工厂制在英国工业生产中占据主导地位。1841 年，英国工厂工人在棉纺织业中占近 70%。1850 年，英国的工业生产曾占全球工业生产的 39%。此外，英国工业革命改变了英国的经济和人口分布格局，出现了曼彻斯特、兰开夏和伯明翰等新兴工业城市。

英国随着工业革命的逐步推行和完成，成为世界工厂，生产的商品销往全世界，国内流通的加工原料、食品购自世界各地。由此可知，英国选择外向型的商品经济。比如，1925—1840 年，英国机器出口金额从 2 万英镑激增至 60 万英镑，技术人才和先进生产方式不断向全世界输出，拉近了世界各国经济的联系。列宁曾说过："19 世纪中叶英国几乎完全垄断了世界市场。"①

经过工业革命的英国寻求更多原材料、食物，以及将生产的产品销往全世界。然而，重商主义贸易防御政策减缓了英国经济的发展速度，阻碍了英国工业对外扩张。为了消除障碍，新兴的英国工业资产阶级对贸易规则提出了新的要求。英国领导下的大资本主义国家积极抢占商品市场，抢占原材料产地，倾销工业产品，使亚洲、非洲和拉丁美洲的广大领土沦为殖民地或半殖民地，并强制把亚洲、非洲和拉丁美洲广大地区纳入资本主义体系。资本主义扩张后，英国成为最大的殖民帝国，其领土甚至占世界陆地面积的四分之一。这意味着英国必须打破对国内保护性贸易的限制，积极实施自由贸易政策。自 19 世纪 20 年代，英国伦敦迅速开展了一场反对贸易保护的立法——《谷物法》的大规模自由贸易运动。在历经十几年的斗争后，工业资产阶级获取最终胜利，英国开始实行自由贸易政策。

英国自由贸易政策产生背景进程如图 2-1 所示。

---

① 袁卫华、蒋方平、南楠：《装备制造业文化与职业素养》，北京理工大学出版社，2018，第 14 页。

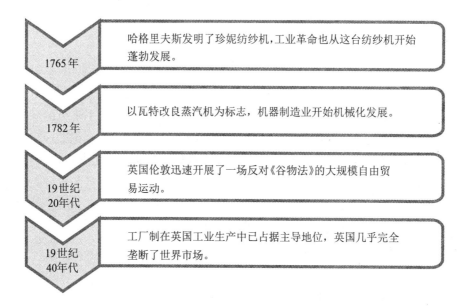

图 2-1　英国自由贸易政策产生背景进程

二、自由贸易政策理论基础

17 世纪中期，英国资产阶级革命扩大了英国国内外的市场。英国的社会资产不断累积，打破了原来的只在货币方面迅速增长的限制，生产方面也增长迅速。当然，其生产出的物质财富也必然不断增加。在这样的社会背景下，重商主义学说逐渐趋向崩溃，资产阶级的阶级利益从原有的流通领域向生产领域转移。新的经济学说即资产阶级的古典政治经济学应运而生，其源于工业资产阶级针对国家干预市场经济运行提出的强烈的反对意见。古典政治经济学是为维护资产阶级利益打造的经济学防护罩，是工业资产阶级革命在思想方面的反映。

亚当·斯密和大卫·李嘉图提出了国际分工和自由贸易理论这两项理论，为英国全面推行自由贸易政策提供了理论上的依据。其主要的观点是，所有的国家都遵照自由贸易的原则，每个国家按照本国的优势进行分工、交易。按照这样的原则，生产要素和资源得到最优化配置，技术方面可以做到术业有专攻，专业技能得以提升，劳动生产率得到提高。各国通过优势最大化节约社会生产劳动成本，提高了经济效率，加快了资本的累积。

三、自由贸易政策主要措施

英国为推行自由贸易政策主要采取了以下措施：

（一）废除《谷物法》

当时重商主义保护贸易的重要立法之一是《谷物法》，国家运用关税政策，限制谷物进口，人们不得不购买国内由贵族控制的谷物，贵族将国内粮食价格始终维持在一个较高水平，保护了以贵族为代表的地主阶级的利益。这项法令对工业资产阶级的利益带来了极大损害。英国自 19 世纪 20 年代为争取谷物进口自由开始进行贸易战争。这场贸易战争是一场工业资产阶级与地主贵族之间的长期博弈，工业资产阶级最终取得了来之不易的胜利，《谷物法》也终于在 1846 年被废除，工业资产阶级收获降低粮价、降低工资的利益。这一斗争亦可称为英国自由贸易的最大胜利。

（二）改革关税制度

在关税放面，英国减少了需要纳税的商品项目，同时降低了关税税率。早在 1825 年英国便开始逐渐简化税法。1842 年英国进口税项目共有 1052 个，1859 年减至 419 个，1860 年减至 48 个，最后甚至减至 43 个。把极复杂的关税条令、细则逐步简化，最终实现对绝大部分进口商品不予征税，并基本上废除出口税。同时改革原有税率，明确规定制成品进口税率控制在 30% 以内，进口原材料税率仅为 20%，以此鼓励资本家进口原材料。

（三）签订自由通商条约

1860 年英法签订了通商条约《科伯登条约》，强调互为最惠国，签署双方遵守了自由贸易精神。后来的英意、英荷、英德等国家间的通商条约中，均有相似的条约，国家间相互提供最惠国待遇，消除贸易歧视。欧洲各国之间通过签署贸易条约，逐渐缔结成一个完整的贸易条约网络，整个欧洲各国的关税普遍降低。不难看出，当时英国推行的自由贸易政策在国际上取得了胜利。

（四）取消对殖民地的贸易垄断

在 18 世纪，英国对其殖民地享有包括航运在内的一系列特权，殖民地产出的货物，输出英国时必须按照特惠关税标准出口。自 1824 年，英国逐步废止在航海方面的相关限制性法令。到 19 世纪 50 年代，英国废止了制定于重商主义时代的《航海法》，并将英国的沿海贸易以及针对殖民地的贸易一并向其他国家开放。在 1813 年，东印度公司废止针对印度贸易的垄断权；1834年针对中国贸易的垄断权被废止。英国逐步开放殖民地市场，使殖民地与其他国家处于同等竞争地位，允许殖民地与外国缔结贸易协定，不干涉殖民地与其他国家之间建立贸易关系，并将殖民地贸易纳入自由贸易体系。

四、自由贸易政策发展历程

19世纪工业革命以后，英国以工业为核心的资本主义经济迅速崛起，各大资本主义国家的经济竞争力大大增强。随着资本主义经济的高速发展，为了扩大市场，选择低廉的原材料产地，创造高额收益，世界分工出现，形成了以英国为中心的国际分工，英国这样的资本主义强国确立了单方面的自由贸易政策，并通过各种渠道推行自由贸易政策，甚至通过战争，将其强加给战败的国家。

英国是当时世界第一大强国，法国是当时仅次于英国的第二大工业强国，同样在本国工业进一步崛起后，法国为了寻求原材料产地，以及促进商品销往世界各地，从19世纪中叶起，开始实行自由贸易政策。1853—1855年，法国政府曾降低煤、铁、羊毛、棉花等原材料的进口税。在短短几年后的1860年，法国政府宣布废除出口奖励金，降低原料进口税，并同一些国家签订一系列商约，由此推进国家间的自由通商往来。

法国的"老朋友"也是"老对手"的德国，直到工业革命完成后，也就是19世纪60年代后，政府才逐渐调整、改善以关税为主要内容的贸易保护政策，国家的对外经济呈现出自由贸易倾向。从1865年修改关税法开始，1867年修改关税同盟条约，降低了一部分进口税税率，废除了出口税，贸易政策趋向自由，削弱了关税的壁垒。

资本主义另一强国——美国崭露头角较晚。在南北战争之前，美国南方的贸易政策体现为南方种植园主人出口农产品，进口低价的工业产品，是比较自由的贸易政策。但是由于南北战争最终北方获得胜利，而北方需要保护国内新兴工业，为保护本国的工业，提高了工业产品的进口关税。19世纪之前，美国不承认工业产品的自由贸易，如英国、法国、德国和其他资本主义国家。

从全球来看，1860—1880年的20年是自由贸易快速发展的黄金时代，自由贸易政策完全适应了自由资本主义时代。然而，在经历了20年的黄金时期后，随着贸易竞争从自由竞争向垄断的转变，自由贸易逐渐被保护性贸易取代。英国、法国、德国等国家的主要工业产品都是轻工业，产品同质化严重，竞争局面白热化，因此，大部分国家选择暂时放弃自由贸易政策。德国在1870年普法战争胜利后，进行关税改革，大幅度提高了生铁、毛织品、棉织品的进口关税，其目的就是建立本国工业保护，对抗英国、法国等国家的工业竞争。从19世纪80年代到第二次世界大战前的60年间，是自由贸易政策的衰亡时期。不只是美国，法国、日本、澳大利亚等国家纷纷出台政策，加强对有关关税政策的管理。

英国作为自由贸易政策的推行者，即使在国内经济水平早已不复往日（20世纪30年代初），仍然维持80%以上的进口商品免税，自由贸易政策仿佛是不列颠的经济桂冠中的明珠，是英国经济称霸世界的标志。然而，在世界经济大萧条的猛烈打击下，纵使是自由贸易政策的忠实拥趸，英国也实在是难以为继，不得不对政策进行调整。例如，1932年英国议会通过的《进口关税法》中明确规定，除了诸如小麦、肉类这样的食品以及一些英国不生产或者是短缺的原材料，其他的进口商品都需要在进口时加收进口税。这一法案的出台标志着英国数个世纪一贯奉行的自由贸易政策走向终结，自由的经济政策曾经是英国经济政策的基石，一贯奉行的自由放任贸易政策走到了尽头，也是这一经济政策的时代末路。在19世纪，制霸世界的经济哲学，即自由贸易政策的终止，标志着英国国际地位的衰落，属于不列颠的时代已经过去了。

当然，第二次世界大战后，经济实力大大增强的美国大力支持贸易自由化，主张降低关税，实行无差别互惠原则。在美国的影响下，以"关税及贸易总协定"与"国际货币基金协定"为中心的国际经济贸易体制建立了起来，自由贸易回归，并且又有了新进展。图2-2直观地展现了自由贸易政策的发展历程。

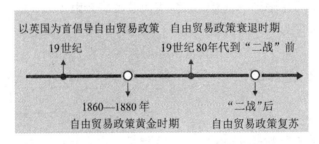

图2-2　自由贸易政策的发展历程

五、自由贸易政策主要评价

（一）自由贸易政策带来收益

回首大不列颠帝国在 19 世纪作为资本主义强国的往日辉煌，可以说，英国的兴起是自由资本主义的胜利，英国的辉煌时代就是自由资本主义的辉煌时代。因此可以得知，自由贸易是能够促进经济增长的。设置一个一般均衡模型可以得到这样一个模拟结果：以亚太经济合作组织为例，亚太经济合作组织贸易自由化，除了会给成员国带来切实好处，对整个世界的经济也是有好处的，亚太经济合作组织地区的实际生产可以提高 0.4%，贸易提高 2.97%，整个世界的实际生产提高 0.2%，贸易提高 1.8%。

（二）自由贸易政策的缺失

英国的"日不落时代"是自由资本主义高速发展的时代，英国的迅猛发展是以自由资本主义经济为后盾的。由此可知，打破大陆之间的封锁与限制，"不仅是不列颠的军队的胜利，也是市场经济的胜利"。而在用铁蹄征服欧洲大陆的拿破仑看来，这种胜利也就是"小店主"的胜利而已。早在 1852 年，英国议会就曾对外宣称自由贸易是英国的国策，是英国经济发展不可改变的方向。当然，英国也正是凭借着"自由放任"，逐步走向经济发展的顶峰，走上了世界霸主的位置。英国人认为这种经济政策具有强大的优势，希望永远停留在自由资本主义的时代。但时代的马车一刻也不停歇地向前行驶，没有什么政策不会过时。到 19 世纪下半叶，自由资本主义终于画下了休止符。即便是英国人也不得不承认，自由贸易政策过时了。霍布豪斯在《自由主义》一书中这样说："19 世纪可被称为自由主义时代，但是到了这个世纪的末叶，这项伟大运动却大大地衰落了。无论是在国内还是国外，那些代表自由主义思想的人都遭到了毁灭性的失败。……它正在对自己失去信心。它的使命似乎已经完成。"[1]自由主义正在被抛弃，表现在以下几方面，如图 2-3 所示。

---

[1] 艾伦·沃尔夫：《自由主义的未来》，甘会斌、王崧译，译林出版社，2017，第 109 页。

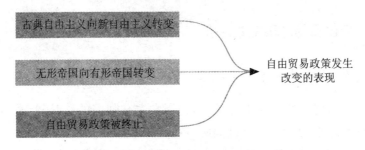

图2-3　自由贸易政策发生改变的表现

首先，古典自由主义转向新自由主义。古典自由主义，是英国自由贸易政策的理论基础，由亚当·斯密和李嘉图等提出，是反对国家干预的完全自由放任学说。古典自由主义曾是英国经济理论支柱，但是，当英国这个昔日海上霸主，在19世纪后期面对来自法国、德国、美国等后起国家猛烈的市场竞争挑战时，曾经的经济优势地位逐步丧失，再加上国内严重的贫富不均、工业带来的环境污染等负面问题的加重，国内外带来的压力使得古典自由主义思想开始受到经济学家、政客的质疑。随着质疑声音不断增大，英国主流思想——古典自由主义不得不面对新思想的挑战。

作为英国的挑战者，以德国为首的一批新兴工业资本主义国家正在凭借国家支持，本国工业快速发展，国家经济水平稳步上升，有的国家在实力鼎盛时期甚至超过了英国。因此，新自由主义的思想从这些国家传播到了英国，越来越多的英国学者和经济学家，开始探讨新自由主义内涵，甚至思考新自由主义这种思想在英国广泛推行的可行性。英国牛津大学教授托马斯·格林被视为英国新自由主义的开创者，也是他最早提出了积极自由的概念，主张用政府干预式的自由代替放任主义式的自由，认为国家用权力干预经济并不意味着对个人自由的损害，反而是有限度的、有道德的自由。托马斯·格林印证了英国在一定程度上对德国哲学的理念表示认同，而德国哲学家特别是黑格尔的哲学是倡导国家主义的。新自由主义的代表人物霍布豪斯认为，以平等为基础的自由才是真正的自由，社会条件和公共福利的改进，将使个人获得更大的安全保障，自由也将随之增加[1]。国家只有采取积极的干涉措施，才能通过有效的改革活动为自由创造基本的社会条件。同时霍布豪斯指出，英国的自由主义之所以在1910年再次焕发生机，根本原因在于"与社会主义交换思想的过程中吸取了不止一个教训"[2]。20世纪中，从格

① 黄伊梅：《哈耶克古典自由主义研究》，广东人民出版社，2011，第93页。
② 邹诗鹏：《从启蒙到唯物史观》，上海人民出版社，2016，第312页。

拉斯顿传统角度出发的自由党人承认自由贸易政策的局限性："自由贸易虽然为繁荣奠定了基础，但是并没有使大厦落成。①"1936年，约翰·凯恩斯在其《就业、利息和货币通论》著作中，提出了著名的凯恩斯理论。他声称可以通过刺激消费实现适龄工人的充分就业，从而减少甚至消除贫困。国家在经济中可以发挥的作用，在凯恩斯的理论中被放大到了一个前所未有的程度。这本书的风靡也是英国自由放任时代彻底终结的一个标志。

其次，无形帝国向有形帝国转变。不只是经济思想方面的变化，政治家的思想也为了迎合新自由主义思想，迅速转变。关于这一点的转变在帝国问题上得到了突出表现。19世纪70年代以后，工业垄断的地位早已不再由英国独自占有，美国、意大利、法国等国家的商品在一步步占领着国际市场；除了经济方面外，德国和法国甚至西班牙、荷兰等欧洲国家也都在对殖民地进行疯狂抢夺。在这样的世界大背景下，大英帝国的自由贸易政策相比起自己国家，对其他国家更为有利。因此进一步产生了一个新问题：英国是否应当付出巨大的代价谋求殖民地的扩张？从19世纪70年代开始，在之后的30年中，英国议会两大政党针对这一问题展开激烈争锋。英国的自由党长期坚持的"自由帝国政策"随着争锋的发展受到大众质疑，与之相反，英国保守党拥护的有形帝国政策，是英国发展的新出路。不管是两个政党支持的哪一个政策，其本质都代表了当时英国民众的思想。战争不会加快英国的经济发展，也正是战争才使得英国从霸主地位滑落，正是第一次世界大战，让30年议会政党的争论有了答案，英国开启了从无形帝国向有形帝国的转变。世界第一次大战期间，英国因为战争被迫放弃自由放任的经济思想，随即转向国家实行对经济的直接控制，以此确保国家战争物资供应，国家按照战争的需求来组织生产。因为第一次世界大战，自由贸易政策被更改。对于英国这样一个岛国来说，物资匮乏是经济发展的重大阻碍，自由贸易政策是英国的立国之本，也是帝国保证自由贸易顺利进行的关键。当英国强大之时，无论是无形帝国还是有形帝国政策，其实都可以保证英国在全世界的贸易优势地位；然而一旦国力下降到与其他国家差不多时，保证自由贸易顺利进行的关键就失去了，因此英国最终选择有形帝国作为帝国发展的新出路也实属无奈之举。

最后，自由贸易政策被终止。标志性事件就是关税政策的变化。关税是自由贸易的核心内容，1932年，英国议会通过了《进口关税法》，该法

---

① 高力克：《五四的思想世界》，学林出版社，2003，第260页。

规定，除小麦、肉类和英国不生产或短缺的原材料外，其他所有进口商品都必须缴纳进口税。这项法律的实施标志着英国放弃了有数百年历史的自由贸易原则。内维尔·张伯伦私下曾表示，只有像《进口关税法》这样的政策才能拯救大英帝国。就连保守党领袖斯坦利·鲍德温也表示，自由放任时代已经结束，就像奴隶贸易一样应该选择终结。自由贸易不仅是英国经济政策的基石，也是英国称霸世界的经济哲学。自由贸易政策的终结标志着英国的衰落，英国称霸世界的时代已经结束。

第二节　超保护贸易政策

一、超保护贸易政策产生背景

超保护贸易政策盛行于第一次世界大战与第二次世界大战之间。工业革命对社会生产力发展起到了巨大推进作用，随着生产力的不断提高，与之对应的社会生产关系随即发生调整。当现存的封建专制政体阻碍了资本主义经济发展时，资产阶级革命爆发，推翻了原有的封建政权，并建立了新的资产阶级政权，为本国的经济发展开辟了道路。

英国是第一个建立君主立宪制的资产阶级政权的国家，同时也是第一个拉开了工业革命序幕的国家。19世纪，英国以工业为核心的资本主义经济迅速崛起，各大资本主义国家的经济竞争力大大增强。资本主义经济高速发展，为了扩大市场，选择低廉的原材料产地，创造高额收益，以英国为中心的国际分工出现。这一时期英国、法国等资本主义大国确立了单边自由贸易政策，并通过各种渠道实施自由贸易政策。

在两次世界大战期间，资本主义强国纷纷改变经济政策，从资本主义的自由经济时代向垄断时代迈进。当资本主义大国进入垄断资本主义阶段时，世界经济现状表明，科学技术的进步促进了国际分工的深化和世界市场的扩大。科技进步带来了生产的集中和垄断，使内部市场无法满足垄断资本市场的需要，市场需要进一步扩大发展。垄断资本将贸易保护视为保护本国的保护伞和限制其他国家发展的重要途径。贸易保护也不再是简单的保护自己国家的途径，而是旨在帮助本国垄断资本在世界市场竞争中处于优势地位。

特别是经历了1929—1933年资本主义国家爆发的空前的世界级经济大萧条后，几大主要的资本主义国家纷纷出现生产过剩、大量人口失业、市场需求不足等严重经济危机，市场问题更进一步成为一个尖锐的矛盾问题，这加快了贸易保护理论的发展。原有的资本主义自由竞争时期的贸易保护理论慢慢转变，适用于历史时代背景的超保护贸易理论应运而生。

从20世纪初直到第二次世界大战来临前，为了进一步抢夺外国市场，资本主义强国实行经济扩张，其奉行的经济理论从过去的保护贸易主义进阶为专门保护垄断企业或者组织以获取超额利润的新理论——超保护贸易主义。以下以英美两个国家为例进行分析。

英国在工业革命后实现了经济的腾飞，为争取低廉的原材料、扩大商品市场占有率，推行自由贸易政策。但是由于第一次世界大战后英国受到重创，其经济和综合实力下降，国力下降到与其他国家差不多，难以保证自由贸易顺利进行，只能背离原有的自由贸易政策。1921年，英国议会通过《保护工业法》；到1931年，英国受到严重经济危机影响，黄金储备锐减，金本位货币制度难以为继，于是同年11月出台《非常关税法》，次年4月制定了《一般关税法》。广泛的保护体系的建立，宣告英国终于放弃了自由贸易，转而实行超保护贸易主义。

美国自从19世纪开始一直执行强有力的贸易保护政策，谋求本国工业经济的迅速发展。直到第一次世界大战，美国发展成为世界上最大的工业国家。在老牌资本主义国家英国经济走入低迷时，美国取代了其在世界经济中的地位。即便在第一次世界大战结束后，美国也并未改变保护贸易政策，甚至强化了贸易保护措施。

二、超保护贸易政策理论基础

凯恩斯可以说是超保护贸易理论的创始人。在1929—1933年的经济危机爆发之前，凯恩斯是自由贸易理论的支持者，但是经济危机之后，凯恩斯审时度势，转向重商主义，对重商主义进行多年研究后发现，重商主义的保护政策的确可以保证经济的繁荣，并且可以扩大就业。

1936年凯恩斯出版了《就业、利息和货币通论》，这本书一经面世便在宏观经济学界引起了巨大轰动，这本书的问世也奠定了宏观经济学理论的基础，在他之后的凯恩斯主义经济学家的观点与主张，都是对凯恩斯主义的补充分发展和完善。这样，以就业、国民就业、供给、需求等为研究对象，针对总量进行分析的宏观经济学理论学说迅速形成。

在过去的古典贸易理论中，国家与国家之间应当保持贸易进出口平衡，可以通过贵金属的移动以及相应产生的物价变化做出调整。贸易顺差和贸易逆差都是短暂的，不必为此感到担忧或者过分欣喜，市场会对贸易进行调节，不需要过多人为干预。但是在凯恩斯以及其他超保护贸易理论者眼中，古典自由贸易理论早已过时，不符合当时的经济发展规律。古典自由贸易理论实施的前提是"充分就业"，但是在1933年前后，经过大萧条的年代，失业情况普遍存在，无法实施古典自由贸易理论。另外，古典自由贸易理论强调贸易进出口自动调节贸易顺差和贸易逆差，但是在调节过程中对国民收入和就业的影响被完全忽视。

（一）凯恩斯的总供给和总需求

凯恩斯认为，20世纪30年代后，在现代经济社会中，越来越多的人不是因为摩擦关系导致失业，也不是因自身需要产生的自愿失业，而是社会经济下行造就的非自愿失业。在经济大萧条之后，因为社会有效需求不足，仅凭市场的力量，已经无法实现充分就业，社会总需求也就无法实现。只有在就业充分的情况下，才能实现总供给和总需求的平衡。

总供给是指厂商在成本既定的条件下生产和出售的产出数量。总需求则是指在诸如价格、收入和其他经济变量水平下，消费者、厂商和政府需要支出的数量。凯恩斯认为，为了实现充分就业，政府需通过各种手段进行干预，旨在实现总供给和总需求的平衡。

由于影响总供给和总需求的因素众多，因此往往不是一个因素而是许多因素的综合作用导致总供给和总需求的不平衡。针对不同影响因素，政府也会采取不同手段进行干预，如表2-1所示。

表2-1 影响总供给和总需求的因素以及政府干预途径

类型	影响因素	干预途径
总供给	资源的禀赋、技术水平、社会投入的生产要素总量及其生产能力、对外经济关系以及管理水平和制度安排等	实行新的制度安排，增加公共部门和私人部门的资本投资，提高技术水平和管理水平等
总需求	私人消费和私人投资、政府支出即公共部门的消费和投资、外国对本国商品和服务的需求等	调整政府支出、调整对外经济政策来影响总需求

总供给和总需求相互影响、相互作用。短期内，总需求可能会急剧变化，但总体供应变化相对缓慢。政府可以把总需求作为调节的对象。从长期来看，从结构和数量上可以对总供给和总需求两个方面做出调整以适应经济

发展状况，政府调控总供给是推动经济发展的根本性措施。由于市场信息不完整、不充分，未来投资回报不确定，政府必须及时干预和调节总需求和总供给。

（二）凯恩斯的投资乘数

古典自由贸易理论是以充分就业为理论前提的。国家之间应当保持进出口贸易的平衡，哪怕在一段时间内出现波动，也会因为贵金属的移动，以及贵金属移动过程中产生的物价变动得到调整，最终使得进出口贸易趋于平衡，简单来说，就是市场具有调节功能，不需人为的干预。凯恩斯及其支持者驳斥了这一观点，认为其忽视了"国际收支自动调节"过程中对国民收入和就业的影响。贸易顺差可以增加国民收入，增加就业；贸易逆差将减少国民收入，加剧失业。凯恩斯曾说过，总投资包括国内投资和国外投资。国际投资可以由贸易顺差或逆差决定，而国内投资由"边际资本效率"和"利息率"决定。贸易顺差得到凯恩斯及其追随者的支持，因为贸易顺差会为国家带来黄金，降低利息率，刺激投资，缓解失业带来的国内危机等。

凯恩斯在《就业、利息和货币通论》一书中首次提出了投资乘数理论。扩大投资和实现国民收入增加之间存在的依存关系被称为乘数理论或者是倍数理论。

凯恩斯认为，如果消费倾向没有改变，在一个行业增加一定数量的投资将不可避免地带来就业人数翻倍。由于经济的各个部门都是相互联系的，如果某一部门的投资增加，不仅会带来该部门收入的相应增长，而且会在经济的各个部门中产生连锁反应，促进其他行业投资和收入增长，最终实现国民收入的成倍增长。例如，首先针对生产面包的机器进行投资，因为生产效率的提高，引起了面包厂工人收入的增加；面包厂工人收入增加必然带来他们对其他消费品，如洗发水的需求增加，那么从事洗发水生产的工人的收入也会随之增加……若依照此模型继续推演，那最终的因此增加的国民收入一定是最初投资的若干倍。也就是说收入增加的倍数由"边际消费倾向"决定。当"边际消费倾向"为零时，即人们选择把所有增加的收入都用于储蓄，完全不用于消费，那就不会出现国民收入增加。但是如果"边际消费倾向"为1，即人们把所有增加的收入全部消费，完全不考虑储蓄时，那么理论上，国民的收入增长倍数是1+1+1+1+……一直到无穷大。如果"边际消费倾向"介于0和1之间，国民收入增长的倍数一定在1到无穷大之间（0＜倍数＜∞）。具体如图2-4所示。

边际消费倾向为0时	边际消费倾向为0~1时	边际消费倾向为1时
不会出现国民收入增加	国民收入增长的倍数一定在1到无穷大之间0<倍数<∞	国民收入增长倍数应当是1+1+1+1+……一直到无穷大

图2-4　边际消费倾向对国民收入增长倍数的影响

（三）凯恩斯的外贸乘数

在投资乘数理论的基础上，凯恩斯及其追随者如马克卢普等很快引申出对外贸易乘数理论。他们将一个国家的出口与国内投资相等同，认为其都有增加国民收入的作用；将一国的进口贸易与国内的储蓄相等同，认为其都有减少国民收入的作用。

由此可知，当货物或者是服务进行出口贸易时，从外国获得货币收入，进而使得出口产业收入增加，消费增加。一旦消费增加，必然带来其他部门生产的增加，带来收入增加。循环反复，国民收入必会达到出口增加量的若干倍。相反，在货物和服务需要进口时，向外国支付货币，收入减少，消费也随之下降，对国民收入起到减少的作用。

进一步可以得出以下结论：只有实现对外贸易顺差，国家的对外贸才易可以增加一国就业，从而使国民收入增加量达到贸易顺差的若干倍。那么，对外贸易乘数定义就是净出口量与其引起的国民收入变动量之间的比例。

凯恩斯的追随者为了计算出对外贸易顺差这一条件对国内就业和国民收入影响的倍数，曾经提出许多假设公式，这里仅对其中的一个公式进行说明：

设 ΔY 代表国民收入的增加额，ΔI 代表投资的增加额，ΔX 代表出口的增加额，ΔM 代表进口的增加额，K 代表乘数。

则计算对外贸易顺差对国民收入的影响倍数公式为

$$\Delta Y=[\Delta I+（\Delta X-\Delta M）]\times K$$

在 ΔI 与 K 一定时，贸易顺差越大，ΔY 越大；反之，贸易逆差越大，则 ΔY 越小。

通过上述公式不难得出以下结论：一国扩大出口，减少进口，贸易顺差会越大，对本国经济发展产生的作用必然越大。

凯恩斯主义的宏观经济目标，主要包括以下四个方面，如图 2-5 所示。

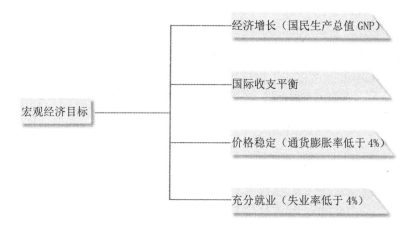

图 2-5　凯恩斯主义的宏观经济目标

上述四个目标之间存在矛盾：例如，高经济增长率将与物价上涨同步进行，而低经济增长率将阻碍充分就业的实现；如果通货膨胀率很高，失业率通常很低，如果通货膨胀率下降，失业率就会上升。由此可知，同时实现上述四个目标是非常困难的。因此，许多国家在制定宏观调控政策时，都会把重点放在其中一个目标上（中心目标的设定通常依据经济发展的情况），而使其他目标尽可能达到较高的水平。

在宏观经济分析中，最重要的总量指标如表 2-2 所示。

表 2-2　宏观经济分析中重要的总量指标

国民生产总值 Y（总产出量）	进口 M
价格总水平 P	出口 X
就业量 N	政府支出（包括政府及其他公共部门的消费和投资等支出）
消费 C（私人部门总消费）	政府税收 T（政府的转移支付如补贴）
储蓄 S（私人部门总储蓄）	投资 I（私人部门总投资）

首先，可以列出总需求函数 Y：

$$Y=C+I+G+（X-M）\tag{2-1}$$

在这一函数中，消费、投资、政府支出、进口和出口都会对 GNP 的变化产生影响，即国民生产总值 Y，并且影响的程度在不同的情况下有所不同。如果没有实现充分就业，即资源没有得到充分利用，变量的变化会导致

产量 Y 翻倍。这种现象被称为乘数作用。

以投资为例。假设消费者的边际消费倾向，即每增加 1 元钱收入，消费者用于消费所占的份额为 3/4。如果投资增加 1000 元，向投资者提供 1000 元商品的企业将获得 1000 元收入。按照 3/4 的比例，750 元用于消费支出，照此循环，产生了连锁效应。总产出由于这笔投资所增加的量将不是 1000 元，而是 4000 元。可以用下面的公式来计算：

$$1000+750+562.5+\cdots\cdots=1000\times[1+3/4+(3/4)^2+\cdots\cdots]$$
$$=1000\times[1/(1-3/4)]$$
$$=1000\times4$$
$$=4000$$

这里的 4 就是乘数，它说明有笔投资将以其 4 倍的量使总产出量增加。当然，在现实经济生活中，会有很多因素对这种连锁反应产生影响，乘数可能不是 4 而是 3 或 2，只要未实现充分就业即资源未得到充分利用，或大或小的乘数作用总是存在的。

如果我们用 C 代表消费，用 Ca 代表自发消费，即不受收入影响的消费分，用 b 代表边际消费倾向（即每新增加一单位收入，消费者用于消费的部分所占的比例），仍然用 Y 代表总产出也就是总收入，那么，可以建立消费函数如下：

$$C=Ca+bY \qquad\qquad (2-2)$$

总需求函数为：

$$Y=C+I+G+(X-M) \qquad\qquad (2-3)$$

将（2-2）式代入（2-3）式，$Y=Ca+bY+I+G+(X-M)$ 经整理，得

$$Y=(\frac{1}{b-1})[Ca+I+G+(X-M)] \qquad\qquad (2-4)$$

（2-4）式中的 $(\frac{1}{b-1})$ 就是乘数，如果 Ca、G 和 $X-M$ 不变，I 的增加或减少将以其增量的 $(\frac{1}{b-1})$ 倍引起 Y 的增加或减少。同样，如果 Ca、I 和 G 不变，$X-M$ 发生变动，也会以其增量的 $(\frac{1}{b-1})$ 倍引起 Y 的变动。因此，$(\frac{1}{b-1})$ 既是投资乘数也是外贸乘数。如果 X 大于 M，通过乘数作用，会成

倍增大总需求，使 Y 的总量增加；如果 X 小于 M，则会成倍减少总需求，使 Y 的总量减少，从而影响就业总量。

（四）关于进出口量对国内经济的影响

凯恩斯主义者认为，储蓄、进口、政府税收在国民收入流量模型中都属于漏出，也就是进口的增加会导致国民经济收入的减少；出口、投资、政府支出在国民收入流量模型中都属于注入，也就是出口的变动会引起国民收入的同方向变动，出口的增加会导致国民经济收入的增加，出口的减少会导致国民经济收入的下降。

凯恩斯主义认为，贸易顺差为一个国家带来了黄金，降低了利息率，刺激了物价上涨，扩大了投资，对国内危机的缓和与扩大就业起积极作用；贸易逆差则会带来巨大的负面影响。凯恩斯主义始终强调国家必须干预对外贸易活动，应采用各种保护措施，争取扩大本国出口量，增加关税以减少进口，实现贸易顺差。

三、超保护贸易政策主要内容

凯恩斯试图联系对外贸易和就业理论，进而也提出了贸易顺差有益、贸易逆差有害的观点。通过促成贸易顺差，进一步扩大了有效需求，拯救经济危机，以及由此造成的失业问题。

超保护贸易理论的基本政策主张如下：放弃自由贸易政策，干预对外贸易；采用提高关税税率、增加课税种类、设置非关税壁垒等各种措施来奖出限入；对本国商品的出口采用退税、补贴、低息贷款、出口担保等手段加以刺激；采取严格的外汇管制，限制商品进口；对外则采取组成货币集团、签订双边贸易互惠协定等方法，实行区别对待的贸易政策等。

通过以上超保护贸易政策具体内容，可以总结出凯恩斯主要持有以下三大观点。

第一，强调古典自由贸易学派的国际贸易理论已经不合时宜，公开反对自由贸易。凯恩斯主义认为充分就业这一自由贸易主义的先要条件，并不存在也难以达成，当时的社会背景下，存在大量失业人群。

第二，鼓吹贸易顺差有益，逆差有害。凯恩斯主义认为，贸易顺差可为一国带来黄金，降低利息率，刺激物价上涨，扩大投资，对国内危机的缓和与扩大就业起积极作用。凯恩斯主义表示，若出现贸易逆差，必然会出现大量国内黄金外流，物价随之下降，导致国内经济遭受重创，失业人口也会随之增多。因此贸易顺差有利于国家经济发展，逆差不利于国家经济长远发展。

第三，扩大有效需求的目的在于逃离危机和摆脱失业。凯恩斯的拥护者以提高有效需求为由，宣传国家干预经济的益处，倡导国家干预各项对外贸易活动，运用各种贸易保护措施，以扩大对外出口，减少贸易进口，通过国家的调控争取贸易顺差。

四、超保护贸易政策主要特点

超保护贸易政策主要有 6 个特点，如图 2-6 所示。

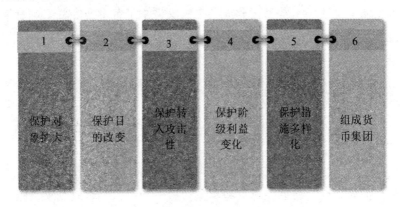

| 1 | 2 | 3 | 4 | 5 | 6 |

保护对象扩大　保护目的改变　保护转入攻击性　保护阶级利益变化　保护措施多样化　组成货币集团

图 2-6　超保护贸易政策的 6 个特点

下面针对图 2-6 中提到的超保护贸易政策的 6 个特点进行具体解释。

第一，保护对象扩大。超保护贸易政策不仅保护幼稚工业，还将保护的对象更多地扩展至国内高速发展的产业，另外，针对国内开始出现衰退之势的垄断工业也予以保护。

第二，保护目的改变。超保护贸易政策并不是在培养企业自由竞争的能力，而是在针对国内外的市场加以垄断，是形成垄断市场的政策性辅助工具。

第三，保护转入攻击性。原有的贸易保护主义，只是在限制进口，是一种防御保护机制。超保护贸易主义则是在垄断国内市场的基础上，实现迅速对外扩张的目的，因此具有很强的攻击性。

第四，保护阶级利益变化。原有的贸易保护主义是对一般的工业资产阶级利益的保护，但是超保护贸易主义则是在加大维护大垄断资产阶级在贸易方面的利益。

第五，保护措施多样化。原有的贸易保护主要是通过关税控制，超保护贸易政策的保护措施越来越趋向于多样化，包括各种各样的奖出限入政策，实行"按倾销价格输出"制度。

第六，组成货币集团。1931年英国放弃金本位制后，最初的单一世界货币体系崩溃了。1931年后，其他帝国主义国家纷纷形成了一个个排他性的、相互对立的货币集团，如英镑集团、美元集团、日元集团、德国双边清算集团、法郎集团和其他资本主义货币集团。

总之，超保护贸易政策早已不是防卫的武器，转而成为具有攻击性、抢夺世界市场的政策手段，是一种具有侵略性的贸易保护政策。

五、超保护贸易政策的主要评价

（一）超保护贸易政策的积极作用

凯恩斯的超保护贸易主义在一定程度上揭示了对外贸易与国民经济之间存在的内在规律，相较于古典自由贸易理论是具有一定的先进性和科学性的。一个国家的经济就是一个完整的庞杂系统，其中各个子系统都存在着密切的往来关系，储蓄、投资、进口、出口各个环节的变动都会对其他部门产生影响，并且这种影响也会传递到其他的部门。乘数理论是这种内部相互联系的内在规律之一。在条件符合的情况下，一套成熟可行的经济机制会直接对经济增长产生影响。

从方法论的角度分析，原有的传统贸易理论是从微观的角度进行经济分析，也就是要素分析、价格分析和利益分析等，但是凯恩斯及之后的理论跟随者，从宏观的角度应用乘数理论，把贸易流量和国民收入流量相结合，从而分析得到出口额增长对国民收入增长起到促进作用这一结论。这种从微观经济学转向宏观经济学的研究，将贸易问题与宏观分析相结合，实现了贸易理论上的又一大全新突破。

从实践角度看，无论是日本"贸易立国"政策的成功，还是"亚洲四小龙"依靠出口带动本国经济高速发展，这些现象都证实了出口贸易的增加对国家国民总收入起促进作用。可以进一步得知，重视对外贸易乘数理论具有现实意义。

(二)超保护贸易政策的局限性

1. 乘数作用是有限的

乘数理论确实对社会经济起到积极作用，但是必须正确看待乘数作用，不能夸大。社会再生产过程中的各个环节运转顺畅是乘数理论起作用的前提，但是在实际操作过程中，社会再生产过程却往往处于一种不平衡的状态。另外，新增投资是不可能完全转化成收入的，收入也不可能全用于吸收就业，前提条件未得到满足，投资乘数能发挥的作用也就有限。

2. 国内已经实现充分就业时，出口增加将无法推动经济增长

如果国内并未出现充分就业的情况，出口的增加就会带来需求增加，从而缓解就业压力。但是若国内已经实现或者即将实现充分就业，继续增加出口就会导致需求过度，生产要素的价格就会随之上涨。生产要素价格上涨，首先带来本国商品竞争力下降这一负面影响，其次进一步恶化发展的情况下，可能会出现政府采取反通货膨胀的政策。出口即便继续增加，也将不会出现推动国民经济连续上涨的盛况了。通过图 2-7 可以直观地看清这一关系。

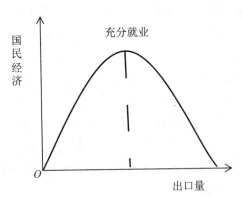

图 2-7　出口量与国民经济关系图

3. 乘数作用受到出口商品的供给和弹性需求影响

对大部分国家来说，工业商品是主要的出口商品，农业商品即便作为出口商品，出口量也是远远低于工业商品的。因此，乘数理论在工业化水平较高的国家可以发挥较大作用，但是在以农业为主要产业的国家则适用效果较差。

4. 贸易顺差不等同于国内投资

乘数理论在对外贸易中，将贸易顺差视为国内投资，是国民经济的注入力量，对国民经济产生乘数效应，但是，贸易顺差并不等同于国内投资。国内投资可以增加新的生产能力，增加收入，贸易顺差是出口的相对增加，贸易顺差本身并不是生产能力，因此贸易顺差带来的国民收入的增加并不能等同于国内投资对国民收入的增加。

5. 不利于经济一体化的发展

西方资本主义生产过剩后产生了对外贸易乘数理论。对外贸易乘数理论扩大了贸易的保护范围，把贸易盈余视为解决本国失业问题和促进经济增长的外部手段。只有个别国家以此理论作为贸易指导思想时，它才可以促进国民经济的增长。但是如果每个国家都以此作为贸易行为的指导准则，必然导致的结果就是贸易规模整体的缩小，以及各国利益的损失。长此以往，对进一步深化国际分工起到负面影响，同时会导致世界经济一体化进程缓慢。

第三节　贸易自由化与新贸易保护主义的观点

第二次世界大战之后，世界的政治经济发生了巨大变化，各国的外贸政策随着本国国情做出调整。第二次世界大战过后的资本主义发达国家都经历了自由贸易与新贸易保护政策这两个主要阶段。

一、贸易自由化

在经历第二次世界大战后的 20 世纪 60 年代，各个资本主义发达国家争先恐后地采取贸易自由化政策，为本国战后进一步实现经济复苏提供条件。

第二次世界大战过后初期，大部分的发达国家，特别是西欧的国家，以及受到战争重创的日本，为了本国的经济建设，一度继续执行超保护贸易政策，通过限制外国进口商品流入国内，帮助本国商品保有国内市场占有率，保护本国企业。但是第二次世界大战后世界霸主之一的美国一直在推进贸易自由化，并且促使多国共同成立 GATT（关税及贸易总协定），目的是在各大缔约国之间实现关税的互惠，以此途径打开别国市场。在美国的大国压力下，加上各个国家经济恢复和发展的需要，从 20 世纪 50 年代开始，西欧各国和日本这些主要资本主义国家开始相继推行贸易自由化。

（一）贸易自由化的主要表现

1. 为实现自由贸易目标建立国际贸易机构

在美国的促使下，第二次世界大战初期建立了 GATT，目的就是实现"大幅度削减贸易关税和其他贸易障碍，取消在国际贸易中的歧视现象"与"扩大世界资源的充分利用以及发展商品生产和交换"两大目标。1995 年 WTO（世界贸易组织）开始代替 GATT 行使职能，在更加广阔的领域，更深层次地推广自由贸易政策。

2. 关税水平大幅度下降

第二次世界大战过后，GATT 主持了超过 8 次的多边贸易谈判，最终使得发达国家的平均关税水平下降。针对发展中国家，发达国家通过普惠制、《洛美协定》等方式在贸易方面提供优惠。《洛美协定》是欧共体（现为欧盟）于 1975 年和非洲、于 1979 年和加勒比、于 1986 年和 1990 年与太平洋地区的发展中国家签订的有关协定。在《洛美协定》下，欧共体针对以上三个地区和国家的全部工业品和部分农业产品提供免税进口的待遇。普惠制则是在 1968 年，联合国贸易和发展会议上通过的一项面向发展中地区和国家的协议。

3. 减少非关税壁垒

第二次世界大战后，发达国家为了保护本国经济，对很多商品的进口严格管理。然而，随着战后经济的逐步恢复和发展，各国都不同程度地放宽了数量限制。20 世纪 60 年代初，参加 GATT 经济合作发展组织的各成员方之间的内部进口数量限制取消了 90%。此外，西方各发达国家都不同程度地放松或取消了外汇管制，恢复了货币的自由兑换，这标志着外汇自由化的实现。

（二）贸易自由化的主要特点

第二次世界大战后的贸易自由化本质上是垄断资本对外扩张的要求，其实质是为垄断资本服务的，它与自由竞争资本主义时期的自由贸易有着本质的区别，并表现出一系列有利于发达国家的特点。[①]

1. 发达国家贸易自由化程度高

发达国家之间根据 GATT 等国际多边协议，签订的条约都较大程度地降低了彼此之间的关税水平，同时合理放宽在贸易时互相的数量限制。但是在针对发展中国家的商品进口贸易时，则征纳较高的关税，特别是还会采取更多其他的贸易政策。发达国家针对社会主义国家的贸易政策更为严苛，对于社会主义国家的商品进口采取的关税壁垒和非关税壁垒，高于针对发展中国家的关税壁垒和非关税壁垒，不仅在进口商品关税方面进行管制，还常常对社会主义国家进行出口管制。

2. 区域性经济集团内部的贸易自由化程度更高

在自由贸易区的组织内部往往对大部分的商品取消关税，实行商品、资本等相关生产要素的自由流通，建立统一的关税税率，针对集团外国家的商品，则实行集团的共同抵制。

3. 不同商品的自由贸易化水平不同

首先，工业制成品的贸易自由化水平远高于农业制成品的贸易自由化水平。在第二次世界大战后，发达国家在工业制成品方面仍然对国外市场有较大的依赖性，因此西方发达国家为了促进工业制成品和工业半成品在国家之间的贸易，在工业方面广泛推行贸易自由化政策。然而在农业方面，出于对本国农业的保护，同时也是为了实现对农场主利益的保护和保护本国农产品生产，西方发达国家则采取了严格的贸易保护政策，限制农产品进口。除此之外，西方发达国家对劳动密集型产品，如纺织品、衣物、罐头食品等往往实行进口限制。

二、新贸易保护主义

20 世纪 70 年代中期过后，西欧和日本经济的快速崛起，甚至一度赶超美国，发达国家经济发展出现不平衡，两次石油危机直接导致了发达国家的经济陷入"涨滞"和衰退，发达国家之间的矛盾日益突出，各个发达国家激烈抢夺市场。

[①] 赵春明：《国际贸易学》，石油工业出版社，2003，第 234 页。

（一）新贸易保护主义的主要特点

1. 限制进口贸易的重点从关税壁垒转向非关税壁垒

第二次世界大战后由于 GATT 等组织的制约，各国不能再通过提高本国的关税水平来实现对本国的贸易保护。于是，各个国家就从过去的关税壁垒转变为非关税壁垒，限制商品的进口。各种非关税壁垒措施在 20 世纪 60 年代只有 800 多项，到 90 年代已经增至八大类 75 种，共计 3000 多项。[①] 发达国家往往以非关税壁垒为手段，针对不同国家的政治经济关系，采取各不相同的非关税措施。甚至会出现针对某个国家，以达到一定的政治经济目标的情况。

2. 对商品实施保护的范围扩大

原有的保护范围主要以传统商品和农产品为主，在新贸易保护主义中，保护的范围扩大到高级工业产品和劳务部门等。随着经济的发展，保护对象从传统的纺织品、皮革等产品，辐射到计算机、数控机床、民用飞机等新兴行业的商品。甚至在服务贸易领域，很多国家都在签证申请、投资条例等方面做出了保护性的政策。

3. 从限制进口的奖出限入政策到鼓励出口的重点转移

在经济方面，政府采取出口补贴、商品倾销、外汇倾销以及设立专门的出口加工区等方法。在立法方面，政府以法律作为打开外国市场的武器，迅速制定大量旨在扩大出口，为出口提供支持的法律法规。在组织上，各个国家分别建立本国的商业情报网络，设立专门的综合调节机构，专门服务于国家商品的出口。另外，国家还专门设立各种奖项对先进的个人和集体大肆奖励，以此来调动企业和个人的出口积极性。

4. 区域性贸易壁垒代替了原有的国家性贸易壁垒

原有的国家性的贸易壁垒不适用于第二次世界大战后的国际经济局势。世界经济趋向于集团化，各个国家在形成贸易集团后，贸易集团也都存在对其他国家的排斥。贸易集团在集团内部会加强贸易自由化，但又会联合起来

---

① 张二震、马野青:《国际贸易学》，南京大学出版社，1998，第 179 页。

一致排外，采取排挤和打击集团外部竞争者的手段。因此，区域性的贸易壁垒代替了原有的国家性贸易壁垒，在新贸易保护主义中发挥着自己独特的作用。

5.贸易保护制度转为管理贸易制度

管理贸易制度就是指以协调为工作中心，把政府干预作为主导手段，通过磋商对话，对对外贸易进行干预、管理和协调的一种贸易制度。

管理贸易制度遵守了自由贸易的原则，符合当时各个利益集团想要实现贸易保护的现实需要，并且将贸易保护合法化、制度化。各个国家通过国际会议、各种国际贸易协定等形式对贸易进行统一的组织管理。管理贸易制度可以有效地管理缔约方和成员方的贸易关系，对各个商品具体的生产、供给、销售、定价等做到有效管理；还可以通过制定标准，对国际贸易行为、商品质量、商品规格等进行统一化管理。

6.政府通过战略政策干预代替贸易保护

贸易政策将通过影响国内生产者和竞争者的决策，实现利润转移和扩大国内市场份额的效果。在寡头政治模式中，政府政策与战略行为起着相同的作用，因此被称为"战略贸易政策"。

（二）战略性贸易政策

自20世纪80年代以来，格罗斯曼、布兰德等以不完全竞争理论为前提，将产业组织理论和市场结构理论作为研究工具，提出了战略性贸易政策，巴格瓦蒂和克鲁格曼对其进行了进一步的深入研究，缔造了新的战略性贸易政策理论体系。

战略性贸易政策就是指国家在不完全竞争和规模经济条件下，政府凭借生产补贴、出口补贴或者保护国内市场等政策手段，扶持本国战略性工业的成长，增强其在国际市场上的竞争能力，从而谋取规模经济等额外利益，并借机劫掠他人市场份额和工业利润。[1]

战略性贸易政策包含以下四大主要观点，如图2-8所示。

---

① 张二震、马野青：《国际贸易学》，南京大学出版社，2003，第181页。

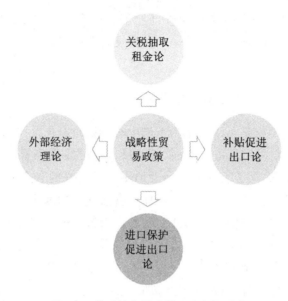

图 2-8　战略性贸易政策四大主要观点

1. 关税抽取租金论

进口国制定相关关税政策收取外国寡头垄断企业的垄断利润。进口国的政府考虑国内市场在需求弹性较高，也就是企业面临的市场呈现为平稳需求曲线，并且进口国行业内部存在潜在企业进入的可能性，这时进口国的政府一般会选择通过实施关税政策，促使外国出口企业吸收进口国的关税，使得关税增幅大于价格增幅，消费者在购买该商品时产生的价格损失，会被关税弥补甚至有余。

2. 补贴促进出口论

这是政府对国内企业实施的出口补贴政策，其目标是促进国内的寡头公司获得更多的市场份额和垄断利润。

举例来说，若本国一企业和外国一企业在第三国家处于古诺双寡头垄断竞争。这时，本国政府对本国企业进行补贴，直接降低本国企业的边际成本，本国企业在竞争中以价格优势与外国企业竞争，更能占领更大市场份额。因为本国企业的垄断利润增加，必然对本国的经济起促进作用，那么政府对本国企业的补贴就是一种转移支付，这样的政府补贴不仅帮助本国企业占领了第三国市场，也带来了本国净福利的增加。这个观点广为认可并且多被引证。

经济学家经常以美国的波音公司和欧洲的空中客车公司作为例子来假设

推理验证。首先，假定整体的世界市场只容得下一个进入者获利，如果两个厂商同时间进入，那么两个厂商都将承受损失。但是当有政府介入补贴公司时，会对两个厂商的市场竞争局面产生影响。

当两个公司同时生产时，那么每个公司都将承受 5 单位的损失，如果两个公司都不生产，这两个公司的损失为 0。如果只有一家公司生产时，生产的公司会获得高达 100 单位的获利。

假设波音公司先一步进入了市场，抢夺了先机，这时欧洲空中客车公司缺少市场的激励，很可能会退出市场。但是欧洲的政府为了希望实现占领全球市场的目的，击败波音公司，向空中客车公司许诺，一旦欧洲空中客车公司可以进入市场，欧洲政府将给予 25 单位的补贴。这时欧洲空中客车公司只要生产就能获利，因此欧洲空中客车公司已经获得了进入市场的战略性优势，这时无论美国波音公司是否生产，都难以超越空中客车公司。

从上述案例中可以看出，政府对本国企业的保护政策可以帮助本国企业在国际竞争中占据优势地位，进一步使得整个国家获利。

3. 进口保护促进出口论

政府通过实施积极的关税壁垒和非关税壁垒，限制与国内企业竞争激烈的外国企业进入市场，避免对国内企业构成威胁。通过政策监管，政府允许国内企业利用国内市场优势，降低总成本，扩大出口量。也就是说，政府可以采取限制或者实施贸易保护政策，全部或者是部分封闭本国市场，使得外国处于寡头地位的企业难以进入本国市场。同时赋予本国该行业企业特权地位，在本国该企业的成本就会降低，市场销售额会增长。在第三方国家，本国企业也会具有成本优势，从而争取到更多第三国的市场份额，最终实现本国利润的上升。

4. 外部经济理论

利润转移理论是关税抽取租金论、补贴促进出口论、进口保护促进出口论这三种理论的总称。

外部经济理论是外部规模经济产业支撑保护理论。这一理论强调对具有外部规模经济的行业实施积极的政府支持和保护政策。从这个角度对国家政策进行调整，在促进产业本身扩张的同时，还可以实现产业的前后衔接，促进相关产业的进一步发展，促进相关工业产品的出口。从长远角度来看，能提高国内产业的国际竞争力，使国家获利。

三、如何看待自由贸易和贸易保护

（一）自由贸易的优势

回顾世界历史，首先是英国凭借经济高速发展促进了本国的政治体制改革，为了追求低廉的原材料市场侵略别国，以自由贸易政策为经济发展的指南，缔造了海上霸主的辉煌历史。自由贸易的确可以有效促进经济的增长，其优势主要体现在以下三方面。

1. 资源再配置效应

在生产过程中，生产部门中生产要素的流动要根据优势原则，从生产效率较低的部门转向生产效率较高的部门，实现资源的整合。自由化会带来资源的重新配置，可以改善资源的配置效率，从而提升整个国家的整体福利水平。

2. 竞争效应

因为国内市场是开放的，国内的厂商也会面对来自国外厂商的竞争。在国外竞争对手的冲击下，本国的厂商也不得不加紧技术改进的步伐，提高生产效率，加快改善经营模式。

3. 外部经济效应

为谋求本国经济的迅速发展，技术进步是促进经济增长的决定性因素，若想实现技术的进步必然要有研究和开发活动。国家采取封闭的对外政策时，本国的技术迭代才能带来本国的生产技术进步，但是研究和开发活动仅依靠闭门造车很难实现快速突破；而在开放的环境下，在知识共享的大前提下，经济可以从世界角度获得更多的增长，提高经济增长率。

（二）贸易保护的优势

在南北战争之后，美国政府就开始采取贸易保护政策，保护本国的工业产品，发展本国经济。除此之外，德国也实行贸易保护政策，加速本国经济发展，抵御来自英国的冲击。

贸易保护政策为本国的工业发展创造了空间，帮助本国建立自己的工业体系，降低成本，提高本国工业产品的竞争优势。贸易保护政策虽然有可能为竞争国经济甚至是世界经济带来负面的影响，但是不得不说，贸易保护政策对本国经济的发展起到了积极的促进作用，促进了本国垄断企业的高速发展。

（三）自由贸易和贸易保护的关系以及两者的评价

贸易保护主义与自由贸易之间并不是相互对立的关系，贸易保护主义是对自由贸易主义的补充与发展。因为自由贸易主义有严格的执行标准，而在市场的变化与发展过程中，有些条件是难以满足的，所以才进一步产生了各种贸易保护主义政策。

自由贸易理论的假定前提如下：

一是自由贸易理论要求几个国家的生产要素本质不变。生产要素在国内可以自由流动，但往往很难流向国外。因此，可以确保各国要素禀赋条件不发生变化。

二是技术水平是固定、不发生改变的，技术可以在市场上自由获取，在国际市场上，消费者具有主导权利。

三是原材料产地、产品市场都是完全竞争的关系，在规模报酬都不发生改变的前提下，没有不确定因素。

四是在国际贸易中，政府并不干涉贸易，国际贸易之间的竞争就在相互贸易的小生产者之间展开。

五是市场可以自发地起到调节作用，各国之间经济发展条件相似，贸易总是得以平等地开展，因此参与贸易的各个国家和地区都可以在贸易的过程中获取相对应的利益。

六是各个国家的需求偏好相似，并且不会轻易发生变化。

这些条件很难同时得到满足，因此自由贸易往往很难实现，这时候就需要政府及时出面干预，通过政策等方式实现对本国贸易的保护，完善自由贸易所需达到的条件。保护贸易理论主要包括六大方面，如图 2-9 所示。

保护幼稚产业论是对国民经济发展水平相似假设的补充。国家间的发展水平差距较大，对于发展中国家来说，如果国家未针对本国幼稚产业加以保护，那么无异于将本国的幼稚产业拱手送人，本国的工业水平也就会停滞不前。自己国家的工业水平一旦有所提高、成长发展后，必须停止贸易保护，转而投向自由贸易，只有这样才能促进本国经济的更大发展。李斯特的历史阶段理论足以证明这一观点，他认为各国应在不同的历史时期采取不同的对外贸易政策。在工业化的初期和发展阶段，国家应当实施贸易保护政策保护民族工业，但是一旦民族工业具有一定程度的竞争力后，应当终止保护。

保护幼稚产业论

发展中国家贸易条件恶化说

技术外溢和技术创新理论

凯恩斯主义贸易理论

不完全竞争和规模经济贸易理论

最优干预政策理论

图 2-9　六大保护贸易理论

发展中国家贸易条件恶化说补充了所有国家都可以从贸易中获得对等利益的假设。李嘉图比较利益说曾表述，一个国家的贸易产品带来的利益远不足其他发展中国家时，这样的国家可以生产和出口具有比较优势的本国产品，进口具有劣势的必需产品，以便贸易双方都能从贸易中受益。然而，这种理论无法区分国别价值和国际价值。例如，对大多数发展中国家来说，出口农产品和原材料等初级产品具有一定的优势，但这种优势只是与它们极其薄弱的工业生产能力相比得出的。因此，这种贸易形成了不平等的国际交流。这对于发展中国家的长期可持续发展是极为不利的，本国政府必须干预，通过保护政策来改善发展中国家在国际贸易中的条件。

凯恩斯主义贸易理论是对国家处于贸易平衡状态这一假设的补充。凯恩斯主义在 1929—1933 年全球经济危机期间广受欢迎，当时西方国家的失业率上升，经济衰退严重。凯恩斯认为，出现这种经济现象是由于有效需求不足。因此，凯恩斯认为国家应该采取措施刺激需求，出口贸易是有效需求的一部分。另外，除了促进内需的措施外，各国还应该关注出口贸易，努力促进贸易顺差。

最优干预政策理论补充了市场完美的假设。实体经济中没有完美的市场，尤其是在发展中国家，这些国家的特点是存在大量的市场缺陷。当市场扭曲时，尤其是由外国因素引起时，保护性贸易被认为是这种情况下的最佳政策选择。

　　不完全竞争和规模经济贸易理论补充了完全竞争和规模收益不变的假设。很多产业存在规模报酬递增的现象。对这些产业来说，增加投资、扩大生产将带来明显的经济效益。如果产量扩大，其生产成本将急剧下降，市场上的不完全竞争将允许公司获得超额利润。然而，单个公司的投资往往无法达到规模经济所需的投资量。此时，要依靠政府的力量，从而使外国竞争对手推迟甚至停止投资与生产，使国内企业扩大生产规模，占领国内市场甚至提高在国际市场上的份额，获得超额利润。当这部分超额利润大大超过本国政府的补贴时，贸易保护政策就取得了它应有的效果。

　　技术溢出和技术创新理论是对技术是固定的假设的补充，并将技术视为外生变量。先进技术可以促进经济增长；同时，它也会带来许多负面影响，如严重的资源浪费等。如果假设技术水平是固定不变的，而忽视其外溢效应，它可能会导致国民经济朝着错误的方向发展。目前，政府需要进行干预，以尽量减少技术发展的负面影响。技术创新对经济增长的刺激作用是众所周知的。技术创新的实质性进展需要两个必要条件：保护知识产权和鼓励对科学研究的投资。首先，国家政策法规当然必须由政府制定；其次，政府干预往往可以事半功倍。

第三章　我国发展对外贸易的主要战略

第一节　"大经贸"战略

一、"大经贸"战略背景

纵观世界历史，风云激荡，变幻莫测。世界往往就是在各种力量相互作用下不断前进的。

15—16世纪，新航路开辟，大航海时代到来，世界版图逐渐从分裂走向聚集。

17世纪，欧洲主要势力在结束30年战争后，签订了《威斯特伐利亚和约》，签订国家在国家主权平等的基础上，共同搭建起了一个新的国际格局。当然，这只是几个欧洲国家的和约，其他国家并未加入该国际体系。

18世纪，英国开启工业革命，人类社会受到工业高速发展的影响，生产力水平大幅提高。生产力的发展带动了生产关系的发展，资产阶级革命轰轰烈烈地在欧洲国家发展。

19世纪初，维也纳体系建立，第一次世界大战后建立了凡尔赛—华盛顿体系，第二次世界大战后建立了雅尔塔体系。这些世界体系的变化实际上就是世界局势的变化发展过程。

20世纪，在第二次世界大战结束后的几十年中，苏联解体，东欧剧变，两极格局瓦解，美国成为唯一的超级大国。世界各方势力加快脚步，不断蓄力，多极化局势越发明晰。

进入21世纪，当前世界正处于百年未有之大变局。发达国家内部矛盾重重，一大批发展中国家迅速崛起，成为影响世界政治经济的重要力量，改变了原有的国际局势。新一轮的产业革命再一次悄然而至，其带来的国际竞争前所未有，深刻影响了人们的生产生活方式，推动了产业关系的变革。世界经济版图深刻改变，发达国家发展相对缓慢，新兴经济体和一些发展中国家在世界经济中占据越来越重要的地位，世界经济重心迅猛改变，"自西向东"特征尤为明显。各国命运休戚与共，各个国家相互关联，相互依存，联系愈发紧密，世界趋向于发展成为你中有我、我中有你的人类命运共同体。

当前世界处于百年未有之大变局，同时也为中国实现中华民族伟大复兴和实现中华民族中国梦带来了重大机遇与挑战。中国早已摆脱百年前的半殖民地半封建社会，逐步发展成世界第二大经济体。中国的科技创新力飞速发展，从过去的跟跑者、参与者转变为领跑者、引领者。截至 2021 年，中国国家创新指数综合排名居世界第 14 位，是唯一进入前 15 位的发展中国家。中国一贯有着大国担当，在全球治理领域主动承担着更大的责任，倡导多边合作。中华文明的影响力也日益扩大，成为众多文明中不可忽视的一部分。

当前世界处于百年未有之大变局，世界将进入机遇与挑战并存的未来 10 年。未来 10 年，将会是新旧动能变化的 10 年。人工智能、大数据、生物智能等方面的发展，带来了新产业、新模式、新业态的全面调整和发展，给人类社会带来翻天覆地的发展。

未来 10 年，世界多极化和经济全球化将在曲折中前进。世界各国是合作还是对抗，是开放交流还是封闭，是互利共赢还是以邻为壑，是每个国家在前进道路上必须要做出的选择。

未来 10 年，国际格局将发生巨变。目前，新兴市场国家和发展中国家对世界经济的贡献率已达 80%。根据汇率法，这些国家的经济总量几乎占世界的 40%。按照目前的经济发展速度，这些国家的经济总量将在 10 年内接近世界总量的一半。可见，新兴市场国家和发展中国家的集团崛起势不可当，这将促进全球平衡发展，进一步促进世界和平与稳定。

二、"大经贸"战略含义

"大经贸"战略是指在社会主义市场经济环境下，按照国际经济贸易的通行规则，管理和经营市场，调动各方力量，提升发展经济贸易的积极性，提升综合竞争力的外贸经济战略。

"大经贸"战略全面覆盖社会各个方面的经济贸易活动，是适应当前瞬息万变的国际经济形势的必然需要，是中国经济在世界之林立于不败之地的必然要求。"大经贸"战略是适应对外经贸政策的重大实时策略，是实现两个根本转变的必然需要。

自从中国加入 WTO 后，中国的企业与组织更加深入、广泛地参与到世界经济合作中，为下一轮经济增长创造必要的条件。放眼全球，国际贸易是面向商品、资金、技术、服务等多种要素的跨国商业活动。国际市场的竞争也不再仅仅设限为国外的商务活动，现今国内外的市场越来越连为一体。因此我国现在实行的"大经贸"政策就是针对商品、资金、技术、服务等内容的进出口贸易，同时协调生产、科技、金融、外经贸等部门协同参与。

"大经贸"战略原本是对外贸、外经、外资的三因素结合，但是随着我国外经贸事业的不断嬗变和发展，在新时代，"大经贸"战略被赋予了新的内涵。"大经贸"战略的关键在于"大"，强调在广度和深度封面都远超过去，具有明显的超越性；强调商品、资金、技术、劳务、服务等经贸内容的大融合，各有关部门协同参与，充分利用国内国外两个市场资源，促进经济贸易体制、经营方式和经营者思维方式超越过去。

三、"大经贸"战略目标

"大经贸"战略有五个主要目标，如图 3-1 所示。

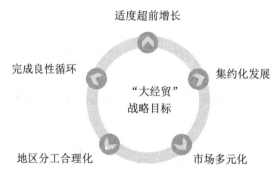

图 3-1 "大经贸"战略目标

（一）适度超前增长

建立适应社会主义经济体制和开放经济发展、符合国际经济贸易通则的现代贸易体系。实现中国对外经济的适度超前增长，国民经济的持续稳定、快速增长。构建健康高速发展的市场经济，从而实现资源的合理配置。

（二）集约化发展

充分利用一切资源，合理运用现代技术。充分发挥人力资源、人力管理的重要性，提高工作效率。加快推进产业集聚、人口集中、配置优化和节约资源旨在提高效率和提升效益，实现科学发展、区域发展、模式转变。加快优化产业结构，加快技术的进步和生产效益的提升，助力我国产业结构的进一步优化。

（三）市场多元化

市场多元化是指市场不再局限于某个国家或者地区，应当以亚太地区市场为重点，以周边市场为支撑市场，构建发达国家和发展中国家合理分布的多元化市场。

（四）地区分工合理化

根据中国各地区的具体条件，注重合理分工，优化发展。逐步实现主体功能区战略，实现空间治理，形成优势互补、高质量发展的区域经济布局。扎扎实实做好产业基础高级化，促进产业链现代化升级。解决地区向外发展经济产业雷同化、低质化的问题。减少、调停各地区之间的摩擦与冲突，逐步形成各地区携手和谐发展的局面。

（五）完成良性循环

对外经济贸易不能局限于国外市场，应当充分利用国内国外双市场资源。实现国内经济对外经济贸易的有机融合，搭建"大经贸"战略下的国内外经济协同发展的桥梁，实现对外经济在整个大经济环境下的良性循环，这也是实现社会主义经济现代化建设的必经一环。

四、"大经贸"战略的基本内容

（一）改革制度，更新观念

"大经贸"战略的核心就是外经贸的全局一体化协调发展，因此这项系统性工程必须以全局观角度统筹协调，需要在整体上加快制度和管理方面的创新。这就要求，首先，遵循多边贸易体制的要求；其次，深化外经贸体制的改革，加快政府职能的深入转变，强化政府部门和经贸部门的服务职能，完善政府的参与机制。

"大经贸"战略的实施与各级政府、各行各业和各企业有着密不可分的联系。因此，必须增强大局意识，加快培养高素质、高科技、协作型、国际化人才，充分发挥主观能动性，建设性地开展各项工作，促进不同地区、行业、部门和公司开展对外贸易活动。

（二）强化企业的主体地位

企业是"大经贸"战略的主体。要落实政府制定的相关政策，促进企业从实际出发，充分发挥自身优势，真正实现自主经营、自主遏制、自主发展，逐步形成在国际市场上具有较强竞争力的企业集团；政府要给予企业最优惠的政策，促进企业直接参与国际市场竞争，鼓励符合条件的大中型商业企业努力发展，给予它们相应的自主权，鼓励它们在国外建厂。

（三）加快科技推动

国家实施科教兴国战略，重视学术研究人才的培养，加快推进科学技术研究，推动科学技术进步，同时学会包容并收，重视国外先进技术的及时引进。为此，政府需要制定出台一系列支持鼓励行动计划和实施方案，各地方必须密切关注政策落实情况，充分调动技术人才的积极性。除此之外，还需要吸引外资，针对高新科技产品加大投资。

（四）扩大对外服务贸易

经济全球化的新热点就是各国对国际服务市场的激烈争夺。随着贸易多边化进程的加快，全球贸易自由化正在逐步发展。我国的服务市场也在加快开放，开放过程中不仅扩大了对外贸易，还形成了对外经济的新的增长点。根据我国服务行业发展的实际水平和我国服务行业发展的切实需要，按照加入世界贸易组织时的承诺，我国应积极稳妥地进一步扩大开放。另外，各大服务行业也需要抓住契机，加快利用外资，学习国外先进技术和先进管理经验，深化企业改革，加快建立健全现代企业制度，更新企业技术设备，促进我国服务企业整体竞争力的提升。

五、"大经贸"战略的意义

从世界范围来看，经济全球化的发展趋势不断推动着各国对外经济的扩大与深化，这直接导致全球竞争日趋激烈，竞争对手日益增加，世界各个行业、各个领域、各个部门相互之间的竞争越来越激烈，它们之间的交织和渗透也愈发深入。现如今许多国际经济合作项目集商品交换、技术交流、劳务人员合作等多方面内容与资本于一身。各个国家和地区在参加国际竞争时越来越强调相互之间的协调、促进，充分发挥各自的综合优势，既可以提升本国的贸易竞争力，也能进一步促进各个领域的进一步拓展。

（一）外贸企业实施"大经贸"战略的紧迫性

1.没有产业基础，根基不稳

20世纪60年代，日本凭借贸易兴国战略迅速恢复"二战时"遭到重创的本国经济，其中综合商社作为资本进出口贸易桥梁，出口额一度高达49.9%，进口总额占全国的55%。但是当20世纪70年代的石油危机迅速引发世界危机之后，再加上丰田等工业集团迅速崛起并选择自营进出口贸易，日本综合商社受到巨大打击，并且在1977年安宅产业的兼并风波后日渐衰微。可见没有真正的产业作为贸易基础，想要生存下去必须寻找新的空间。

2.没有技术做依托，单纯发展贸易受限制

如今的社会经济竞争实际上是技术的竞争，谁掌握了核心技术和更深层次的科技，谁就在国际竞争中掌握了话语权。

目前我国的外贸出口结构仍然以劳动密集型产品为主，这样的外贸出口结构本身就具有一定局限性。首先，国际市场容量有限，劳动密集型产品的需求量趋向稳定，增长额变化不大。其次，一些发展中国家的生产结构和商品结构与我国相似度高，彼此之间竞争大于互补。再次，劳动密集型产品出口往往会受到进口国的限制，发达资本主义国家推行贸易保护主义政策针对劳动密集型的产品征收高额关税。最后，劳动力廉价这一优势正在逐渐消失，发达国家机械化、大工厂的制造对我国形成巨大冲击。另外，我国周边的越南、泰国、印度尼西亚等国家正在取代我国劳动力低廉的优势。

3.没有资本后盾，贸易发展困难

在我国的对外经济发展过程中，1994年国家新税收政策实施后，因为没有资本后盾，大批进出口公司出现了亏损甚至直接倒闭。比如，武汉有家土产进出口公司，曾经创汇8000多万美元，但是由于该公司仅靠做中间商赚差价的方式来维持公司运转，经营模式过于单一，在1994年国家新税收政策实施之后，该公司很快因为资不抵债宣告了破产。

由此可见，商业资本对金融资本具有天生的依赖性，因此贸易必须有资本作为强大的后盾，否则很难走得长远。

（二）外贸企业实施"大经贸"战略面对的机遇与挑战

1. 国际经济一体化发展加剧国际合作与竞争

虽然有世界贸易组织这样的世界贸易方面的组织在推动经济全球化，全球统一的经贸格局在世界贸易组织成立以及相关贸易协议生效后便已经形成。但是贸易保护主义仍然存在，国际贸易竞争仍然十分激烈，因此只有更好地融入国际分工与国际市场体系才能更好地发展对外经济贸易。

2. 世界贸易的新变化对我国的对外贸易产生影响

自 20 世纪 80 年代以来，技术密集型的国际贸易迅速增长，全球贸易的观念、结构、方式都发生了巨大的变化。提供优质的服务是在国际竞争市场上处于优势地位的关键。目前，我国仍然依靠附加值低的初级加工品扩大出口规模，除了生产技术这一根本原因外，部门分割了贸、工、农、技、金的有效结合也是一个重要原因，因此必须调整完善我国对外经贸的战略部署。

3. 外贸企业机制应当迅速转变，适应市场需求

在我国，国家作为国有企业出资人拥有三大权利：经营者的选择权、重大事项的决策权和收益分配权。从宏观角度来说，我国外贸企业主体投资不明确，所有者不到位；从微观角度来说，我国外贸企业在经营思想、经营模式、经营结构等方面仍需进一步调整来适应"大经贸"发展趋势。

（三）外贸企业实施"大经贸"战略的意义

1. 改善外贸目前存在的一系列问题

长久以来，推动对外经济贸易一直存在这样的问题：国内市场与国外市场之间存在隔阂，国内各地区之间存在隔阂，国内各部门之间存在隔阂。实施"大经贸"战略促进了良性竞争，促进了专业化协作，改善了目前质量、效益不高以及经营秩序不佳等问题，有利于"工贸结合、推行代理制"这一改革目标的实现。

2. 有利于产业结构调整与技术进步

国际产业竞争力和技术水平是决定对外贸易经济合作水平的根本因素。

由于我国现有的对外经济贸易发展模式仍采用外延式发展模式，对外经济贸易并没有发挥出促进产业结构调整和技术变革的双重作用。实施"大经贸"战略，可以进一步加快产业结构调整、出口产业调整和产品结构调整目标的实现。

3. 有利于改善目前经营中的无序现象

"大经贸"战略的实行有利于打破企业之间的界限，打破农业、工业、技术、商业、金融、外贸之间的壁垒，使各类企业可以在微观层面实现融合，适应经济发展的条件，改善我国目前在经营过程中存在的无序现象。

4. 有利于我国进一步实行改革开放

"大经贸"战略是在为我国对外贸易企业的进一步发展，适应经济全球化的国际大趋势提供动力，提升了我国对外贸易的发展水平。"大经贸"战略为我国企业在对外经济贸易领域的开放提供了战略指导，确定了前进的目标。

六、"大经贸"战略措施

（一）转变传统观念

传统的观念是一种"小经贸"的观念，要积极打破这种束缚，宏观的管理者必须打开视野，定位于整个行业，必须从全局角度考虑制定出相关的政策，改革体制要从促进对外经贸企业业务的发展这一角度出发。

（二）转变行政部门职能

行政管理部门必须从原来只针对微观事务加以管理的小圈子中跳出来，加强宏观调控，转变直接干预的工作方式，完善调控统，建立健全立法机制，加强执法和监督机制，为企业的良好发展创造适合的环境。

（三）积极转变工作方式

原有的指导方式主要是开会、发文件、发指示的指导性工作方式，必须积极转变这种工作方式，充分利用信息手段传达管理意图，传递必要信息，沟通情况，指导工作。

（四）培养高素质人员

现有的贸易工作已经渗透到国民经济的各个领域和社会生活的各个方面，为了适应这一现状，现在培养的人才必须全面学习和掌握相关的业务和知识，了解基本的生产和技术知识，了解国民经济全局和相关行业的基本情况与政策，只有这样的复合型高素质人才，才能使我国的对外经济贸易稳定、快速发展。

第二节　出口贸易战略

一、出口贸易战略的含义及内容

出口贸易战略是指一个国家在对外贸易发展战略指导下应用的发展战略，是针对本国出口贸易发展的长期规划和决策。出口贸易战略是外贸战略的重要组成部分。我国为了实现对外贸易战略目标，大力发展出口贸易，实现了出口创汇能力的大幅提升。尤其是改革开放以来，我国对外经贸事业获得大发展和大繁荣。2021年1—10月，我国纺织品、服装累计出口额为2565.33亿美元，同比增长6.74%，其中纺织品累计出口额为1176.83亿美元。以量取胜必然存在高效能、低效率的问题，因此出口贸易战略是我国外贸战略的重要组成部分。出口贸易是进口货物、引进先进技术、正确利用外资和进行一切对外经济贸易活动的基础条件，在所有的外贸战略中处于重要的地位。

出口贸易战略主要包含以下五个内容，如图3-2所示。

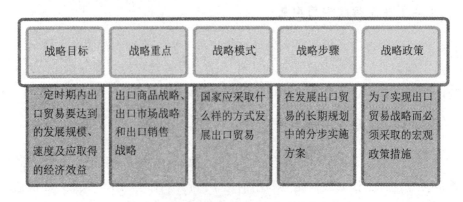

图3-2　出口贸易战略主要包含的五个内容

二、出口贸易战略意义及指导思想

（一）出口贸易战略存在的问题

中国的出口贸易额在 1980 年仅为 181 亿美元，占世界出口总额的 1.2%，占据世界的第 17 位，但是随着我国经济不断发展以及对外政策的一步步践行，我国的出口贸易额稳步健康上升。在 1996 年，我国的出口贸易额达到了 1511 亿美元，占世界总出口额的 3%，居世界的第 11 位。2021 年我国的出口贸易额为 21.73 万亿元人民币，增长 21.2%。我国出口贸易发展迅速，但同时仍然要密切关注出口贸易中遇到的问题。

1. 出口商品结构急需升级

如今，虽然我国出口的商品的结构已经实现了由过去的资源密集型产品向制成品的转型，但是出口的制成品中，仍然有很大一部分是粗加工、档次低、质量差的产品；并且出口的市场也过于集中，应当进一步拓展市场。

尽管近几年来我国的机电产业飞速发展，机电产品的出口占据了我国出口的半壁江山，但是目前我国的机电产品出口主要集中在机电产品拼装零部件阶段，是零部件的粗加工阶段，只是负责组装工序，研发设计这种核心环节、营销宣传这种重要环节仍然由外国公司牢牢把控。目前我国出口的主要工业产品还是以价格优势作为国际市场竞争的手段。对于我国大部分地区来说，在资本、技术密集型产品中的劳动密集生产环节生产，并不会增加产品的附加价值，出口的商品仍然处于产品价值链的底端。

即便是在高新技术方面，我国的高新技术产品也面临着出口范围狭小的困境，主要集中于计算机、通信产品、通信设备等方面，出口中高科技成分发展的滞后性已经严重影响了我国向贸易强国发展的进度。

2. 贸易方式进一步改变的需要

我国目前的加工贸易对国外的依赖度太高，本土化加工程度过低。本土化加工程度可以通过以下两个指标来反映：一是加工交易额中内资企业的比重，二是国内的配套率。根据海关数据计算，在 2006 年我国加工贸易进出口统计中，内资企业只占 15% 左右，其中私营企业更低；在进料加工贸易额中，三资企业占 91.1% 以上，内资企业不足 10%，其中私营企业只占

2.11%。[①] 由此数据可知，我国的贸易增长特别是出口增长对外商有很强的依赖性。外商投资在我国也存在产业分布不均衡的问题。外商投资在我国的第一产业不足2%，主要集中于制造业，并且主要是针对劳动密集型和一般轻工业或者是加工业。外国投资我国的加工贸易以及加工业主要是源于我国目前具备丰富而廉价的资源禀赋，若是我国失去资源优势或者失去劳动力优势，加工贸易就会面临沉重的打击，出口贸易也会受到沉重打击。

3. 贸易市场结构影响

我国的主要贸易市场已经发生了变化，中国香港作为主要出口市场的地位不断下降，2021年，我国前五大贸易伙伴依次为东盟、欧盟、美国、日本和韩国，对上述贸易伙伴的进出口额分别为5.67、5.35、4.88、2.4和2.34万亿元，分别增长了19.7%、19.1%、20.2%、9.4%和18.4%。

我国的外贸交易容易受到贸易伙伴经济波动的影响，因此比较容易产生贸易摩擦。一旦面向的贸易市场出现了不可预期的变化，如面向市场的商品需求骤减等，将会直接影响我国出口贸易的发展，非常不利于我国对外贸易的稳定发展。

4. 人民币升值带来贸易压力增大

2020年，人民币对美元汇率一改2018年和2019年连续两年的贬值势头，境内人民币对美元汇率估值接近2017年水平。2020年12月31日，境内人民币对美元日均收盘价报6.5398元，全年上涨4264点，升值幅度约为6.71%。此外，人民币对美元汇率中间价升值幅度为6.92%，超过了2007年的6.90%，创下1994年汇率并轨改革之后的年度升值幅度纪录新高。

2020年人民币对美元的升值速度和幅度在近年来罕见。纵观全年，人民币对美元汇率走势可分为两个阶段：第一阶段为2020年1—5月，在这一时期，受外部环境、地缘政治、新冠肺炎疫情、货币政策、美元流动性紧张等诸多因素的影响，人民币对美元汇率呈现出较大的波动，总的趋势是震荡贬值；2020年6—12月，人民币开启升值行情，这7个月间，人民币对美元汇率涨逾6000点。

资本流动性过剩会影响国内的宏观经济。人民币升值势必带来我国外汇

[①] 孙杭生：《我国加工贸易转型升级问题研究》，载《经济问题探索》，2009年第4版第61-65页。

储备的增多，因此为了使汇率保持稳定，中央人民银行必然采取卖出人民币购买外币等措施加以平衡，外汇储备便会增加。随着大量外资的涌入，我国的国内投资不断增加，信贷规模不断扩张，带来部分商品的价格上涨以及信贷的膨胀压力。

人民币对美元汇率呈现出连年上涨的局面，人民币是国家财富的外汇储备，人民币规模过大会使国家财富置于世界金融市场的巨大风险中，为外汇储备资产的增值管理带来了巨大困难。

（二）出口贸易战略的意义

1.有利于我国的对外贸易高质量发展

根据当代国内外的经济环境，我国应选择、制定和实施出口贸易战略，明确把握出口贸易的发展方向，选择出口贸易发展的方式以及对应的政策措施，进一步有效地推动我国出口贸易的持续稳定发展。

2.有利于节约成本实现价值增值

根据国际价值理论，外贸商品的国内价值和国际价值之间的差异可以在单位时间内创造更多的劳动价值。出口的产品数量越多，其所占的比重越大，那么它的国内价值就会小于国际价值，对外贸易实现的社会劳动价值就越大。我国在对外贸易中，应大力发展优势产品，充分利用国内价值和国外价值的"比较差异"，通过国际外贸出口产生更多的贸易利益，实现价值增值。

（三）出口贸易战略的指导思想

1.坚持对外开放的战略方针

对外开放是我国的基本国策，要充分利用国外的资源来发展我国的经济。对外开放就是要充分发挥我国的一切优势，积极参与国际市场的分工、合作与竞争。坚持对外开放是我国选择、制定各项出口政策的前提和必要的条件。

2.坚持走中国化路线

我国要始终坚持从我国的基本国情出发，以国内的经济情况为发展基础，及时结合国外的国际局势，充分借鉴各国经验，制定出适合我国发展的出口贸易战略。

3. 坚持走集约化道路

我国的经济发展必须实现从粗放型经济向集约型经济的转型，为我国的出口贸易发展指明方向，从过去的粗放型经营转向以集约型经营为主的发展轨道，提高出口的经济效益。

三、出口贸易战略目标及关键步骤

（一）出口贸易战略目标

出口贸易战略目标是整个出口贸易战略的首要组成部分，包括了数量目标和效益目标两个部分。数量目标是指预期贸易发展的规模。效益目标是指在提高经济效益的前提下，充分发挥外贸出口对国民经济的带动作用。

为了实现出口贸易的战略目标，正确处理发展速度与经济效益之间的关系是迫切需要解决的中心问题。总之，中国出口贸易的战略目标应当是在不断提高中国对外经济贸易的前提下，扩大贸易出口总额，不断优化出口产品结构。首先要做到的是提升传统出口产品的技术含量，扩大产品的附加价值，提高高新技术产品在总出口商品中的比重。

从世界经济发展和国际市场角度来看，国家的出口贸易发展速度与规模，与世界经济和世界市场紧密相连。世界经济发展速度不仅影响各国经济发展规模与速度，而且影响世界市场的容量。我国出口贸易的发展依赖于世界贸易和世界市场不断扩大创造出的良好外部条件。随着经济全球化的发展和国内经济的不断增长，出口贸易将会保持良好的发展势头。

提高出口产品的国际竞争力是实现出口贸易目标的关键所在。出口产品的国际竞争力是一个国家或地区在国际市场中贸易竞争力的有机组成部分。它是指在国际市场上与同类竞品从商品的设计、开发、生产、营销、使用以及售后服务等多方面进行竞争，在竞争中达到满足消费者的需求、占领产品市场、实现商品价值的目标。

一般情况下，一个国家或地区的商品在国际市场上的占有率越高，则表示该国或该地区的出口商品在国际市场上的竞争力越强。因此可以通过国际市场占有率来反映国家或地区出口产品在国际市场上的占有份额。

（二）出口贸易战略重点

1. 出口商品战略

我国出口商品的战略需要如图 3-3 所示。

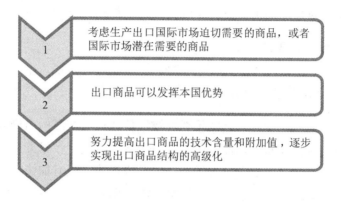

图 3-3　我国目前出口商品的战略需要

随着经济的不断发展，出口商品的结构呈现出从低级向高级演化的一般趋势。出口商品结构的变化必然会引发产业结构升级。通过出口商品带动产业结构的升级，显然比单纯国内产品结构调整的效果更加明显。

当今国际市场对高级制成品的需求远远大于对初级产品和纺织品的需求，同时也越来越要求产品的环保性，因此出口商品结构必须转向高级化、高档化、环保化，并且逐步提高高新科技商品的出口比重。如今，一个国家或地区的比较优势受生产力发展水平的影响程度越来越高，应正确认识动态比较优势，并随着其发展变化随时调整，提高商品加工的深度。

2. 出口市场战略

我国目前的出口市场过于集中，这样集中的出口市场其风险也是比较大的，也会对我国对外经济贸易发展产生负面影响，不仅不利于我国对外开放政策的据需推行，也会影响我国在国际分工和竞争中的有利地位。

选择出口市场时，必须考虑多重因素。首先，要考察市场的规模，即人口多少、收入水平、对商品的需求量等。其次，国外市场是否具有巨大潜力、贸易费用、贸易风险程度等都是选择出口市场时必须关注的因素。最后，在选择出口市场时最重要的因素就是出口国家是否具有竞争的相对优势。当出口国的出口商品与目标市场需求吻合时，出口国的竞争力最强，也就是选择了正确的出口市场。

3. 出口销售战略

针对世界各国之间日益复杂的国际关系，制定出口销售战略对出口贸易的发展起到关键作用。我国应从全局出发制定好出口工作的规划和方案，实施符合中国外贸发展的出口贸易战略。

（三）出口贸易战略的关键步骤

1. 运用现代技术和设备，改造传统产业

传统产业是我国出口产业的重要支撑，传统产业产品的出口额在我国出口贸易中占有很大比重。因此首先需要对传统产业实行技术方面的改造，引进技术人才，加快技术攻关，促进产品的升级换代。只有加快对传统产业的技术升级改造，提升产品的质量和档次，才能充分挖掘产品的出口潜力。

2. 加快高新技术产业和支柱产业的形成与发展

我国应加快发展有潜力的高新技术产业和支柱产业，要加快培养技术型人才、研究型人才，构建我国未来出口的主导产业。要将机械、电子、石化、汽车等技术产业作为重点扶持对象，重视技术研发，提高自主开发能力。将高新产业逐步发展为我国贸易出口的主要产业。在发展高新技术产业的同时，为适应可持续发展的要求，也必须加快绿色产业的升级与发展。

四、出口贸易战略的选择

为了实现我国对外经贸的可持续发展，我国制定了以质取胜、科技兴贸、出口商品结构优化、市场多元化、"走出去"五大战略，如图3-4所示。

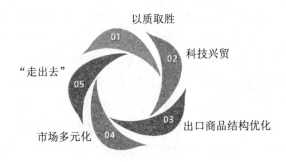

图3-4　我国五大出口贸易战略

（一）以质取胜

我国的出口贸易早已改变过去"以量取胜"的老路子，改变了贸易增长依靠扩大出口数量的发展模式。

目前，我国一批质量信得过的商品已经进入国外市场，我国出口商品的质量有了明显提高，各类别对外经贸企业的质量管理工作有所加强，但是从长远来看，我国出口商品质量低、档次低的问题并未得到根本的转变。我国目前出口的商品仍然主要以制成品为主，高技术含量、高附加值的出口商品所占比重较小。在边境贸易迅速发展的过程中，我国扩大了与周边国家的往来，但是一些假冒伪劣商品通过各种渠道流入他国的事时有发生，带来了极坏的影响，严重损害了我国的外贸信誉。

"以量取胜"的模式，低价格、低质量，不仅是对资源和社会劳动力的极大浪费，而且现在的国际市场也早已不是以价格为中心的竞争模式。为了适应国际市场以质量为竞争中心的现状，同时也是针对国际市场上贸易保护政策盛行，破解国外某些国家与我国贸易摩擦加剧的困境，必须提高产品的核心竞争力，变"以量取胜"为"以质取胜"。

1.树立质量第一的观念，强化质量观念

针对出口商品质量低劣这一问题，除了必须提高改进生产技术外，还应在意识层面改变普遍存在于国人观念中的质量意识淡薄、缺乏责任心及管理意识等观念。通过大量宣传教育，帮助国民特别是外贸生产企业充分认识到出口高质量商品的重大意义。企业必须充分认识到只有高质量的出口商品才是进入国际市场的第一通行证。树立质量第一的观念，强化质量观念，有利于扩大出口贸易。

2.加强全面质量管理

首先，所有生产企业必须严格按照国际标准组织生产，生产企业必须同时强化本企业的质量管理和质量检查制度。质量管理不仅包含商品本身的质量，还包括产品外包装质量、销售质量、服务质量等综合的质量。其次，外贸部门必须严把出口商品质量关，维护国家的声誉，加强对企业的质量管理，全面提高质量管理工作水平，与工商、税务、海关、司法等部门联手，对质量问题进行综合治理，遇到问题严肃处理。

3. 牢牢依靠科技进步，提高商品技术含量

除了依靠进口国外先进机器设备外，我国企业也要加快对出口商品生产技术的革新与改造，同时加快对高科技产品的研发与生产，通过提高出口商品的质量，加大出口商品的附加价值，努力实现出口商品质量的提高、档次的提升和结构的优化，使我国的外贸出口从粗放型向集约型、质量效益型转变。

4. 加强工贸结合、技贸结合，推动产品质量的提高

提高出口商品的质量，基础是生产，手段是改进。因此想要提高出口商品的质量，必须依靠工贸结合、技贸结合来共同推动。只有这样我国出口商品的质量才会不断提高，出口贸易才会持续稳定高速发展。

（二）科技兴贸

1. 实施科技兴贸的意义

实施科技兴贸是实现科技兴国基本国策的必然要求。科学技术的实力与水平始终是衡量一个国家综合国力的重要标准。对外经济贸易作为一个国家国民经济中的重要一环，是沟通国内外经济的重要桥梁，也是中国的企业、中国的商品参与国际竞争的重要途径。实施科技兴贸战略不仅是改善我国出口结构的重要途径，能够增强创汇能力，同时也是提高出口商品的技术含量与附加价值的重要途径，最重要的是极大地促进了产业结构的调整，促进了经济的增长。

当前经济全球化呈现出两大特点，一是以信息技术为主要标志的高新技术革命已经取得重大突破，高新技术产业在世界经济中所占的比重连年上升，越来越多的国家将发展高新技术产业、增加高新技术产品出口作为战略发展的重点或者本国经济新的增长点；二是高新技术革命正在加快产业结构升级的步伐，传统产业中的低技术含量、低附加值的商品在世界市场上会越来越受到限制。我国实施的科技兴贸战略适应了当前世界、科技发展的大趋势。

如今，我国已经迈入世界贸易大国的行列，但是仍然与贸易强国之间有着差距。因为我国目前的出口产品主要以劳动密集型产品为主，高技术含量、高附加值的商品数量虽有提升，但是尚未成为出口的主导产品。从长远

角度来看，我国加入世界贸易组织将会为我国的企业发展提供更为广阔的发展空间，但也需要尽快提高产品的科技含量和附加值，只有这样，我国在国际竞争中才能处于有利地位，从而抵御各种外部风险，实现从贸易大国向贸易强国的转变。

2. 实施科技兴贸的任务

实施科技兴贸战略主要包含两个方面的内容，一是大力推动高新技术产品出口；二是运用高新技术成果改造传统的出口产业，提高传统出口商品的技术含量和附加值。国际互联网的迅猛发展，以及集计算机技术、网络技术、信息技术于一体的电子商务的迅猛发展，给传统的贸易方式带来巨大冲击。实施科技兴贸战略要灵活应用国际贸易科技方式与手段，推广电子商务，帮助各类出口企业选择快捷、高效、低成本的手段提升企业的综合竞争力。

受我国高新产业发展、商品出口现状以及国际市场变化趋势的影响，我国实施科技兴贸战略，先要完成我国出口商品结构快速向高新技术产品转变的任务，同时必须应用高新技术对传统出口产业进行改造，针对传统产业的关键薄弱环节进行重点突破，然后大力推动具有较高技术含量和附加值的出口商品的生产。

（三）出口商品结构优化

1. 大力发展成套机电设备的出口

大力发展成套机电设备的出口可以优化我国出口商品的结构，是我国外贸和国民经济发展的根本出路和希望。大力发展机电产品、成套设备的出口，可以改变我国出口产品主要为劳动密集型商品的现状，促进我国外贸持续长期稳定增长。扩大机电产品的出口，也可以振兴我国的机电产业。促进机电产业发展，需要尽快提高技术水平和管理经营水平。机电产业的蓬勃发展可以为其他产业带来先进的技术设备生产手段，从而对整个国民经济的发展起到促进作用。

2. 继续发展轻纺产品的出口

轻纺产品属于我国的传统出口产品。轻纺产品属于劳动密集型产品，我国劳动力资源十分丰富、工资水平相对较低，非常适合其发展，因此在我国，轻纺产业具有一定的发展优势。然而由于我国棉花等原材料成本与国际市场基本持平，劳动力成本连年上涨，轻纺产品的出口量较之以往有所减少。另外，如今轻纺产品的国际竞争形势已经从价格战中的价格竞争演变为商品质量、品种、款式的全方位竞争，我国在这种国际竞争中并不具备优势。与此同时，美国、欧盟等国家或地区，对我国轻纺产品实行双边歧视性贸易限制。因此，我国的轻纺产品出口面临种种困境，首先，必须调整产业结构，大力发展适销对路的高档次、优质产品；其次，需要调整企业组织结构，加快轻纺企业的联合改组、兼并，提升集中度，从而形成在国际市场上有竞争力的出口企业。

3.加大高科技产品的出口

我国从事高新技术产业的人员人数众多，素质较高，并且工资成本较为低廉，因此我国高新技术产品在价格上是具有竞争力的。另外，对于有条件的科研机构，要赋予其出口经营权，使其可以直接加入国际市场，积极利用外资引进技术、研制、开发、出口更多高新技术产品，适应国际市场的竞争。

（四）市场多元化

市场多元化战略就是指根据国际政治经济形势变化，充分发挥我国的优势，有重点、有计划地采取多种渐进推进策略，逐步建立起合理的出口市场总体格局。

如果我国的出口市场面向大部分的国家和地区，将有利于我国持续长期稳定地发展出口贸易；如果我国的出口市场仅面向少数的国家和地区，我国在国际经济政治谈判中将无法取得主导地位，甚至会受制于人。由于我国劳动密集型产业的出口产品，已经受到来自美国和欧盟越来越严格的限制，在巩固发展原有出口市场的同时，全面开拓新的市场势在必行。

1.巩固并发展美国、日本、欧盟等市场

美国、日本、欧盟等市场是中国传统的出口市场。我国在这些出口市场已经建立了比较完整的经销网络，并且早已拥有一批熟悉的贸易客户。我国需要继续巩固发展这些市场，在原有贸易往来的基础上，利用已有的资源，根据不同市场的不同特点，充分发掘这些市场的巨大潜力，大力开拓这些市场的空白区域，调整出口商品结构，努力发展制成品出口，以高质量、高档次产品在这些市场上站稳脚跟，充分利用市场已有优势，扩大贸易范围。

2. 开拓东欧市场

尽管东欧地区具有政治经济动荡、市场不稳定的局限性，但是东欧地区是一个拥有丰富的自然资源、众多的人口的巨大市场，中国和东欧国家在经济贸易上具有互补性。例如，中国提供的食品、消费品以及生产技术都是东欧各国市场需求的产品，东欧提供的木材、钢材、机械设备等也能为促进中国现代化建设添砖加瓦。因此，我国应加强市场调研，迅速掌握东欧各国的新政策新法规，抓住时机，占领市场，拓宽经营合作领域，积极开展多样化的合作，选择有实力的大型工厂开办合资企业，开展劳务活动，带动我国出口贸易的发展。

3. 开拓拉美、中东、非洲等发展中国家市场

拉美、中东、非洲等地区的发展中国家拥有潜力巨大的市场，为了推动我国出口市场多元化战略实施，必须加强与拉美、中东、非洲等地区的经济贸易联系。我国出口的商品以中低档商品为主，价格适中，刚好满足拉美、中东、非洲等地区人民的需要。针对这些国家存在资金短缺，特别是外汇短缺、支付能力较低的特点，我国企业还可以采取灵活的贸易做法，如适当的分期付款支付方式等。另外，在当地投资办工厂，扩大销售渠道，把握市场行情，利用多种经济贸易合作渠道，也是扩大市场占有率的有效方法。

（五）"走出去"

"走出去"战略又称国际化经营战略，是指中国企业充分利用国内和国外"两个市场、两种资源"，通过对外直接投资、对外工程承包、对外劳务合作等形式积极参与国际竞争与合作，实现中国经济可持续发展的现代化强国战略。[①] "走出去"战略可以通过在境外开设加工工厂来实现。这样做不仅可以利用境外原材料等资源弥补国内资源和市场的不足，开发新的贸易市场，而且在国外更有条件引入高新技术发展高新产业，提高国际竞争能力。"走出去"战略的实施打破了区域贸易壁垒，实现了更高层次的开放，指明了我国经济贸易发展的方向和重点。实施"走出去"战略遵循的原则如图3-5所示。

---

① 杨杨、王美玲、马春燕：《中国经济与对外贸易概况》，西安交通大学出版社，2016，第146页。

量力而行原则

我国实施"走出去"的战略还处于起步探索阶段，在经济实力、技术水平、管理水平等多方面仍需进一步发展，因此要遵循量力而行的原则

以生产性投资为主

国外经营环境更加复杂，受世界波动影响较大，不确定因素较多，因此遵循以生产性投资为主的原则，更加稳健

讲效益

实施"走出去"战略，我们必须既积极，又稳妥，坚持效益优先的原则，做出正确的战略选择

图 3-5　实施"走出去"战略需要遵循的原则

第三节　进口贸易战略

一、进口贸易战略含义

截至 2020 年，中国连续 12 年成为全球第二大进口市场。2001 年中国是世界第六大进口国，2003 年上升到第 3 位，2009 年上升到第 2 位。2001 年，世界前十大进口国（地区）依次为美国、德国、日本、英国、法国、中国、意大利、加拿大、荷兰等国家和地区；2020 年，世界前十大进口国（地区）依次为美国、中国、德国、日本、英国、荷兰、法国、韩国和意大利等。从世界前十大进口国（地区）的排名来看，中国内地的排名变化是最大的，上升了 4 位。中国还是其他资源型产品的重要进口国，甚至在数控机床、成套设备等产品方面，我国也是重要的进口国之一。

我国是当之无愧的进口大国，但是由于我国目前仍然是以出口为主导的贸易战略进口，进口并未得到应有的重视，国家层面相关的配套进口经济政策仍待完善，仍然处于一种缺什么买什么的初级进口贸易状态。每当国际原油等商品价格大幅上涨时，我国的进口经济就会受到限制，国内相关产业也处于被动的境地，因此必须尽快研究制定一套完整的进口战略，这对我国贸易的长久稳定发展具有深刻意义。

二、进口贸易战略意义

国家经济增长主要依靠要素供给的增加和要素生产率的增长，其中包括资本和劳动供给的增加，产业结构优化、规模扩大，经济制度高度创新等。这些因素都与进口紧密相关。进口对经济起到促进作用，这种促进作用主要表现在三个方面。首先，原料进口可以弥补国内的比较劣势，保证国内资源的正常供给，本国的优势产业也可以得到最大发展。其次，进口贸易能够促进进口国的技术升级与产业创新。最后，进口贸易也给进口国带来巨大的国内竞争压力，促使本国公司不断更新技术，改革经营管理模式，促进本国企业的优化发展。

在改革开放之初，为弥补我国外汇的不足，我国曾实行奖出限入的出口导向型的对外贸易政策。政策推行之后，国民形成了重出口、轻进口的外贸观念。但是国际经济形势风云变幻，国内经济形势也今时不同往日，如今，这种重出口、轻进口的贸易观念早已过时。因为过多强调出口、忽视进口，国家出口发展增长速度过快，会引发高额的贸易顺差，国家之间的贸易摩擦会急剧增加。自1995年以来，我国已经连续12年成为全球遭受反倾销调查最多的国家，这是由高额贸易顺差引发的国家与国家之间的贸易摩擦。除此之外，一些追求大量出口的国内企业进行恶意竞争，打价格战，低价出口，导致商品价格不断下滑，虽然提高了交易额，但是商品的质量并未提高，反而形成了恶劣的贸易条件，导致行业发展质量受到影响，进一步对国家的外贸产生影响，最终形成粗放型的外贸增长模式。自从我国加入世贸组织后，随着进口关税的不断下降和开放程度的不断提高，进口贸易规模不断扩大，贸易增长速度对经济增长至关重要。

（一）进口贸易有利于解决我国目前面临的发展瓶颈

进口最基本的作用就是可以充分利用市场上的各种资源，打破本国的资源和要素瓶颈，最大限度地为本国的经济发展服务。虽然我国幅员辽阔，资源丰富，但是仍然存在着一部分资源和生产要素短缺的情况。例如，原油、成品油、钢材、铁砂矿等资源型产品，都是我国短缺、急需进口的资源，这些资源对我国的发展有着重大的影响。正如木桶原理，最短的板子会限制盛水的高度，如果发展必需的资源的瓶颈问题得不到解决，必然将会严重阻碍我国经济的发展，因此，资源型的产品进口对我国经济发展来说，是必不可少的关键一步。

并且对于我国目前的出口现状来说，进口也是必不可少的。目前我国的加工贸易占据了出口贸易的重要地位，而加工贸易的出口产品大都是在原材料、零部件、技术设备等基础上加工而成的。这些原材料、零部件、技术设备等都是从外国进口至我国，在我国进行加工，完成之后再出口的，因此我国的外贸贸易是在进口的带动下完成的，进口本身就是对外贸易重要的一环。

（二）进口贸易促进技术升级和产业升级

进口贸易对我国技术的升级和产品的进步起着至关重要的作用。不可否认，技术引进可以快速提高国家的技术水平。一般一项重大的科研成果，从研究调查、实验设计到投入生产，需要 10—15 年的时间。由此可知，自主开发投入成本高、开发时间长，并且具有很大的风险性和不确定性。如果研发内容是他国早已实现的技术突破，那么研发就是在做前人做过的重复性工作。对于发展中国家来说，技术的研发仍需进一步调整，因此，引进技术就是缩小与技术先进国差距的一条捷径。新中国成立之后的前 50 年时间，我国从苏联及东欧等国家引进的成套技术和设备一共 420 项，为我国技术发展与进步的第一次飞跃奠定了基础。

进口先进的机器设备，可以将现有的生产用原料应用于生产，从而较快实现扩大生产规模、提高产品生产效率的目的，促进产业内部效率化结构变动，形成高增长的生产模式。另外，将先进的科技成果应用于传统产业，可以加快传统产业的升级改造，实现快速向高级技术产业的转化。当国家大量进口先进的机器设备时，该国家就能完善该行业的产业结构，带来产业结构效应。例如，我国在 20 世纪前 120 年大量引进了先进机器设备，当时我国的家电产业发展迅猛。

（三）进口贸易有利于解决贸易摩擦，引入市场的竞争机制

传统的贸易观念认为，减少贸易进口、增加贸易保护是对本国相关工业的保护，所以应当少进口。但是一味地保护容易使本国企业滋生不思进取的惰性思维，这不利于本国工业培养出发展的竞争力。只有良好的竞争环境，才能促使企业形成进取精神，加快本国产业的发展与技术升级，增添产业发展的活力。比如，我国在加入世界贸易组织的前后几年，有大量的学者就我国加入世界贸易组织是否会对本国的产业带来巨大的冲击，进行了多方面的研究，众说纷纭。其中有一部分学者认为，加入世界贸易组织将会给我国的产业带来巨大的冲击，影响本国本土产业的发展；但是从

我国经济发展态势来看，加入世界贸易组织，降低关税，并没有给我国的产业带来毁灭性的打击，反而使大部分的企业在世界市场的大环境中增强了适应能力。

我国与其他国家产生贸易摩擦主要有两个原因。首先，我国出口商品的低价竞争。我国作为资源大国，生产所需原材料充沛，劳动力充足，生产、加工成本低，因此我国的商品在国际市场上可以以更低的价格与其他国家竞争。有部分企业为了争取国外的市场，恶意低价竞争，扰乱了市场，造成了贸易摩擦。其次，我国的出口增长速度过快，与主要的贸易伙伴产生过大的贸易顺差，引发了对方的报复情绪。越来越多的国家运用贸易救济措施维护自身利益，并且针对中国的反倾销立案越来越多。适当地增加进口有利于解决我国与其他贸易伙伴国之间的矛盾，为我国经济的稳定发展创造环境。

三、进口贸易战略发展现状

（一）我国进口商品结构

我国 2020 年的进口商品结构如图 3-6 所示。

图 3-6　我国 2020 年的进口商品结构

从图 3-6 可以明显看出，我国的进口产品中，原油、集成电路、钢材、农产品、汽车及汽车底盘、铁矿砂及精炼矿等资源型产品的进口比重大。我国是世界铁矿石、铜矿石和大豆的最大进口国，是原油的第二大进口国，而且其他资源性产品的进口比重也很大，我国的进口对世界市场有着举足轻重的影响。

除此之外，还可以从占比 17% 的集成电路和占比 3.02% 的汽车及汽车底盘的进口情况看出，我国的进口与出口之间是紧密相连的。我国进口机电产品和高新技术产品，超过半数都是用来进行加工贸易的，进一步进行加工生产后再次出口，仅这一部分的贸易出口额就占了半数左右，因此我国必须不断进口所需的原材料和半加工品，长此以往，进口滞后于出口，影响我国出口产业的稳定发展。

（二）我国进口市场结构

我国进口市场过于集中，这导致我国进口的灵活性不足。一旦进口国家出现意外状况，或者我国与进口国家产生矛盾冲突，必将导致进口商品的价格大幅上涨，我国会受到直接的影响，受制于出口国家。

我国主要的贸易伙伴的进出口呈现出不平衡的态势，我国的主要进口来源国与主要的贸易出口国不一致，会导致一部分国家始终与我国处于贸易顺差状态，我国的进口受制于这部分国家，而有些国家始终与我国处于贸易逆差状态，如美国与中国存在巨大的贸易逆差，在这种巨大的贸易逆差下，美国一再要求我国人民币升值，给我国带来了外汇储备的压力，除此之外，巨大的贸易逆差也很容易加大两国之间的矛盾与摩擦。

四、进口战略调整的方向

我国的进口战略制定之前必须要考虑国际市场和我国的经济发展需要，以及我国进口方面急需解决的问题有哪些。首先，我国制造工业发展急需大量的资源作为发展的必要原料，因此我国应当进口国内稀缺的、不可再生的资源性商品，为我国的工业发展奠定资源基础。其次，直接进口国外先进的技术设备可以缩短我国技术升级发展所需要的年限。进口成套先进的机器设备可以有效打破经济发展中遇到的技术瓶颈，快速实现产业升级和产业调整，有利于我国以质量取胜、科技兴贸战略的实施。针对不同的行业、不同的产品还应当随机应变地调整进口战略。

（一）战略进口促发展

1. 转变观念，正视进口的作用

转变原有的重出口、轻进口的观念，充分认识进口的重要作用。进口可以减少贸易顺差，一定程度上解决贸易国家之间的矛盾，改善我国与其他贸易国家之间的关系。进口高新技术产品、关键设备有利于缓解国内企业自主研发的压力，促进国内制造业自主创新能力的提高。扩大农产品的进口也可以缓解自然资源紧张、农用土地紧张的现状。增加进口消费商品量，也是满足我国人民日益增长的多样化生活需求的必然要求，能够提升我国人民的消费水平与消费质量。

2. 进口技术产品与自主创新相结合

我国正处于技术革新和产业升级的关键阶段，仅凭我国企业自主创新体系、研发高新产品远远无法满足我国工业的发展需要。因此，我国必须进口发达国家的先进机器、先进设备等相关产品，这样在获得技术溢出效应利益的同时，间接推动我国的技术进步。我国企业应当直接参与到国际竞争中，利用技术扩散和技术外溢促进本国企业的技术进步和产品升级，进而提升我国的产业竞争力，实现我国产业结构的升级。与此同时，也必须对国内企业创新加以支持，提供必要的指导帮助，激励国内企业对高技术产品进口迭代，逐步实现自主创新。

3. 促进进口市场多元化，适度降低重要战略物资的市场集中度

促进进口市场的多元化，降低市场集中带来的风险，也是在增强我国面对进口市场风险时的应对手段的灵活性。为缓和贸易摩擦，一方面应拓宽市场，另一方面应当加强与当地企业的联系与合作。针对重要的资源性和能源性产品，政府应牵头建立这些产品的储备体系，开辟稳定、顺畅、安全的多种进口渠道，保证产业稳定运行。另外，应加强与其他国家或国际组织在资源性和能源性产品方面的合作，协调进口渠道，增强在这方面的国际话语权。

4. 完善进口税收政策

进一步调整优化进口关税结构，结合本国的发展国情，我国制定了鼓

励进口的指导目录,并针对这部分商品给予进口税收减免。针对欧美国家对我国高新技术产品的限制问题,我国清理各项限制进口的规定,并且敦促欧美国家放宽限制。我国针对最不发达的国家继续开展零关税政策,加快区域合作进度,帮助区域间在合作共赢的基础上开放市场。针对欧美贸易顺差国家,在继续政府采购的基础上,可以考虑对某些产品实施进一步的关税减免政策。

5.建立和完善进口服务体系

建立并且及时完善公共服务信息,针对进出口贸易和市场情况,随时发布商品的价格行情,帮助国内的企业及时把握市场供需,把握商机。加快完善进口管理机制,包括海关、质检等方面加强对进口的协调管理,避免不良进口,维护贸易的正常秩序,保证国家的安全。为了保护产业的安全,提高产业竞争力,进口管理机制应当建立进口危险预案,当我国的企业利益受损时,可以采取反倾销、反保障等保护手段,最大限度地维护国内产业安全和经济安全。

(二)多元化保安全

"多元化保安全"战略是我国进口的总体战略和指导方针。进口商品结构多元化以及进口货物来源的多元化,可以降低对某种商品或某个市场的依赖性。进口商品结构多元化以及进口货物来源的多元化也是为了增强我国进口的主动性和灵活性,减少与贸易国家的摩擦,保护我国的产业运行安全和经济安全。

我国原油的主要进口地是俄罗斯和中东地区,而成品油主要来自韩国、俄罗斯、新加坡等国家。但是中东地区动荡不安,一旦出于政治原因或战争原因中断进口,对我国的经济影响是巨大的。虽然俄罗斯和我国是友好睦邻关系,经济运行稳定,但是仍然不可以对俄罗斯的石油进口依赖度过高,否则有可能会受制于它。因此必须开拓新的国家或者地区,减少对某个国家或某个地区的依赖,这也是我国工业产业的安全保障。

建立及时有效的行业预警系统是非常有必要的,可以大致将商品分为紧缺型、平衡型和过剩型三种,不同的商品对应不同的进口价格和数量安全区域,通过对重点、敏感的商品参数变化的及时监测,发布相关产业的预警报告,提出危机预案,为国家的经济安全稳定发展设置"防火墙"。

第四章　外汇与市场调节战略

第一节　人民币汇率与外贸体制改革

一、汇率含义

汇率亦称"外汇行市"或"汇价"，是一种货币兑换另一种货币的比率，即以一种货币表示另一种货币的价格。由于世界各国（各地区）货币的名称不同、币值不一，所以一种货币对其他国家或地区的货币要规定一个兑换率，即汇率[①]。汇率将一种商品的国内价格与国外价格联系在一起，使进口商品和出口商品的成本与价格有比较的可能性，也为国际上的贸易往来提供了交易基础。

在本国境内都只能流通本国货币，称为本位货币。几乎每个国家都有自己的本位货币。例如，在中国贸易往来应用人民币，在英国使用英镑作为贸易货币，在日本是日元作为流通货币。对外贸易，必须将外币兑换成本国货币，构成了外汇市场上对外汇的需求。例如，美国出口商进入日本市场，出口一批汽车换取了日元，美元是该出口商的本位货币，因此该出口商按照比例将日元换成美元；当美国进口商从日本进口数码产品时，美国进口商也需要将美元换成日元，形成日元的需求。美国进口商对日元的需求和出口商对日元的供给，带来日元外汇市场的平衡。

货币的价值包含对外价值和对内价值。其中对内价值通过国内的物价水平显示出来，对外价值通过外汇汇率显示出来。货币供应量和实际流通过程中所需求的货币量存在偏差引起物价水平变化，对内价值发生变化，对外汇率随之变化，对外价值产生变化。一个国家的货币对外价值体现为外汇汇率，反映了货币内部价值。

[①] 郭丽、吴笛、张帆:《国际经济学》，对外经济贸易大学出版社，2016，第159页。

二、汇率种类

（一）按照价格调整或加权平均分为名义汇率、实际汇率和有效汇率

1. 名义汇率

名义汇率是市场交易形成的汇率，是一种货币兑换另一种货币的价格，是两种货币的相对价格。标价方式可以以本国货币为标准折算，也可以以外币为标准折算。例如，按照某一年的汇率，1元人民币可以兑换 0.1571 美元，1 美元可以兑换 6.3673 元人民币。

2. 实际汇率

实际汇率体现了本国商品和服务在与国外商品和服务交换过程中表现出的购买力。实际汇率是在名义汇率基础上加上一段时期内的通货膨胀率，进而得出实际汇率水平和汇率的变化程度。通过实际汇率和汇率的变化程度得出本国商品的实际国际竞争力。实际汇率更能反映本国商品的竞争力。名义汇率和实际汇率的关系如下：

$$E = R \times P^* \div P。 \tag{4-1}$$

其中 E 为实际汇率，R 为名义汇率，P^* 表示外国物价水平，P 表示本国物价水平。由上述关系式可知，实际汇率上升意味着本币在国外的购买力相较于在本国而言在下降，本币在国内的购买力更强。实际汇率越高，本国商品的竞争力越强。举例说明，假设人民币兑换美元名义汇率 6 : 1，1 瓶饮料，在中国卖 7 元人民币，在美国卖 1 美元，此时实际汇率 =（6×1）÷7=0.86，也就是说国外商品的价格相对国内更便宜，中国人民愿意用 6 元人民币换 1 美元从美国购买饮料，美国人民则不愿意把美元换成人民币来中国购买饮料。此时，如果中国的国内饮料价格从 7 块钱跌到 5 块钱，美国还是 1 美元，此时实际汇率 =（6×1）÷5=1.2，国外商品的价格相对国内更贵，中国人民就不愿意花 6 块钱兑换美元到美国买饮料，而美国老百姓愿意把美元兑换成人民币到中国来买饮料。随着实际汇率的增加，本币购买力增强，国外人民更愿意兑换本币来国内购买产品，本国进口减少，出口增加。

3. 有效汇率

有效汇率是指在一个国家相较于其他国家货币双边汇率的加权平均汇率，又称汇率指数。有效汇率分为名义有效汇率和实际有效汇率。

有效汇率可以衡量一国货币价值相较于其他货币价值的变化，可以反映自身货币价值总量的变化趋势，可以反映一国汇率在国际贸易中的总竞争力和总体的波动幅度，可以用于研究货币危机指数与两国国家居民的生活水平高低。因为有效汇率可以作为一个国家货币变化甚至经济发展水平的有效参考，所以国际货币基金组织会对一些国家的名义有效汇率和实际有效汇率进行测算，并定期公布数据。

（二）按照外汇买卖交割期不同，分为即期汇率和远期汇率

1. 即期汇率

即期汇率即现汇汇率，是交易双方达成外汇买卖协议后，在两个工作日内办理交割的汇率[1]。在外汇市场上，一般除了特别标明远期汇率以外，都是指即期汇率。可以说，即期汇率就是外汇市场的汇率水平。

2. 远期汇率

远期汇率即期汇汇率，指交易双方达成外汇买卖协议，在未来外汇实际分割时使用的汇率。

期货买卖差价一般大于现货的买卖差价，因为在双方交割前，价格存在变动的风险，针对这种风险补偿，期货买卖差价偏大。在双方交易结束之后，在约定日期，双方按照约定汇率进行分割，不受未来汇率的影响。

银行直接报出即期汇率，但是针对远期汇率一般通过远期差价或者即期汇率报价。期汇汇率与现汇汇率的差价称作升水和贴水，升水是远期汇率高于即期汇率，贴水是远期汇率低于即期汇率，当远期汇率等于即期汇率时称作平价。

---

[1] 卢永忠、李翠君：《国际金融（第2版）》，重庆大学出版社，2009，第95页。

（三）按照汇率是否有规定幅度，分为固定汇率和浮动汇率

1. 固定汇率

固定汇率使本国与他国汇率维持在一个固定的比率，在一定范围内波动，官方干预确保汇率稳定。在金本位制下，黄金输送点就是汇率变动的界限。布雷顿森林体系建立了以美元为中心的固定汇率制。因此，国际货币基金组织将美元与黄金挂钩，成员国国家汇率按照铸币平价之比在上下限 1% 的范围内浮动。当汇率超过上限 1% 时，成员国中央银行要卖出本国货币维持本国货币汇率稳定；当汇率低于下限 1% 时，国家中央银行需要反向操作维持汇率稳定。

2. 浮动汇率

浮动汇率是指国家中央银行不对货币汇率变动做出任何规定干预，各国官方也没有维持汇率波动界限的义务，只根据市场供求关系决定汇率。在布雷顿森林体系崩溃后，各个国家都采取浮动汇率制。浮动汇率制度方式主要分为自由浮动、联合浮动和管理浮动等。

（四）按照银行业务不同，分为买入汇率、卖出汇率和现钞汇率

1. 买入汇率

买入汇率，也可以称为买入价。在直接标价法下，买入汇率是指外币折合成本币数额较少的那个汇率；在间接标价法下，买入汇率是指外币折合成本币数额较多的那个汇率。

2. 卖出汇率

卖出汇率，也可以称为卖出价。在直接标价法下，卖出汇率是指外币折合成本币数额较多的那个汇率；在间接标价法下，卖出汇率指外币折合成本币数额较少的那个汇率。

买入汇率和卖出汇率都是从银行的角度阐述的。外汇银行以较低的价格买入外汇，再以较高的价格卖出，赚取产生的差价。

3. 现钞汇率

现钞汇率是指银行买入或者卖出外币现钞时使用的汇率。外国货币不

能直接在本国内流通，必须通过银行将外币兑换为本国货币，为此出现买卖外币现钞的汇率。因为大部分国家不允许外国货币在本国市面上流通，因此必须将买入的外币运输至发行货币国家或者可以流通该种外币的国家，由此产生一定保险费用与运费，这部分费用需要由客户承担。所以银行收兑外币现钞使用的汇率，一般会略微低于外汇买入汇率，卖出时略高于外汇卖出汇率。

（五）按照指定的方法不同，分为基础汇率和套算汇率

1. 基础汇率

基础汇率是指一个国家指定的本国货币与关键货币之间的汇率。关键货币就是在本国国际贸易、外贸结算中使用最多、所占比重最大的货币。

2. 套算汇率

套算汇率是在基础汇率的基础上，算出与本国非关键货币之间的汇率，也就是两种货币都通过第三国家的汇率来计算。世界外汇市场公布以美元为标价计算外汇汇率，另外两种货币需要计算汇率，就要先对美元的汇率进行套算。

（六）按照外汇交易工具不同，分为电汇汇率、信汇汇率和票汇汇率

1. 电汇汇率

电汇汇率指的是以电汇方式支付外汇时使用的汇率，即本国银行在卖出外汇之后，立即以电报的方式，通知国外分支行和委托机构及时付款给收款人所用的汇率。电汇汇率速度较快，在现行外汇交易中所占比例极高，已经成为一种基本汇率，是计算其他汇率的基准。

2. 信汇汇率

信汇汇率是指银行用信函的形式通知付款银行付款使用的汇率。信汇汇率低于电汇汇率。

3. 票汇汇率

票汇汇率是指银行买卖即期汇票的汇率，属于一种即期汇率。银行买卖

外币票据宜使用票汇汇率。

三、影响汇率变动的因素

外汇汇率的波动受到外汇市场上供求关系变动的影响。影响汇率变动的因素分为长中期因素与短期因素。

（一）影响外汇汇率变动的长中期因素

1. 国际收支状况

国际贸易中，国家之间的总收支差额会引起汇率的变动。当一个国家处于贸易顺差时，国际收支账户发生顺差，外国对本国货币的需求量上升，本国货币升值，外币贬值，当一个国家处于贸易逆差时，国际收支账户发生逆差，外国对本国货币的需求量下降，本国货币贬值，外币升值。国际收支状况必然影响外汇汇率变动。

2. 通货膨胀率差异

物价是货币价值在商品市场的表现，通货膨胀代表本国货币的价值量下降，本国货币持有者会进行货币替换，防止货币贬值。因此一旦一个国家发生严重的通货膨胀，该国的货币汇率必然下跌，外国货币的汇率则会相应上升。

3. 经济增长率差异

经济增长对外汇汇率的变动影响是十分复杂的，具体如下图 4-1 所示。

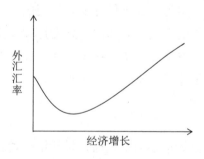

图 4-1　经济增长对外汇汇率的变动影响

在经济增长初期，由于本国居民对外汇需求超过供给，一段时间内外汇汇率会出现下跌现象。但是经济增长可以迅速提高劳动生产率、降低生产成本、提高本国产品的竞争力，本国的贸易收支也会随之改变。

4. 宏观经济政策导向

国家会根据国际经济局势、本国货币外汇汇率、本国国情制定相应的宏观经济政策。紧缩性的财政政策带来货币汇率的上升，膨胀性的财政政策带来货币汇率的下降。货币政策、财政政策和汇率政策都直接影响本国证券市场的发展，因此宏观经济导向影响外汇汇率的变动。

（二）影响外汇汇率变动的短期因素

1. 经济数据的公布

国家公布本国经济状况、本国物价水平、本国国民就业情况等相关数据时，一旦数据与原有预期相差较大，就对外汇市场产生较大影响，从而影响汇率变动。

2. 市场预期因素

常见的市场预期因素主要有两个：新闻因素和心理因素。一些重要的新闻传播会打破外汇市场的平衡，使汇率剧烈变动。当大部分人对汇率走向进行推测或者有所期待时，也会影响外汇汇率变动。

3. 利率差异

利率的变化会影响资本在市场的流动。某个国家的利率高于其他国家，会引起外资的流入，改善资本与金融账户收支，提高该国的货币利率；反之则会导致该国的利率下降。

4. 政治因素

重大突发政治事件，如政变、战乱、政府要员丑闻事件等都会给货币汇率带来不良影响。例如，"水门事件"发生后一段时间内，美国的货币汇率受到了重大影响，迅速下跌。外汇是国际性流动的资产，一旦政治局势动荡，外汇面临的风险更大。

5. 中央银行干预

为使本国货币汇率维持在政府期望水平之上，各国中央银行都会对本国的外汇市场进行干预。中央银行的干预不会影响汇率的长期趋势，但是对短期汇率走向有重大影响。

6.短期资本流动

大企业的并购、大企业改变国际贸易战略等因素，带来短期资本流动，会对汇率的短期走向产生影响。

四、汇率影响外贸的理论

弹性理论、吸收分析理论、不完全汇率传递理论、马歇尔－勒纳理论和J曲线效应属于国际收支理论和汇率理论产生的内在联系。通过四大理论的内在联系分析，不难得出汇率是影响对外贸易的重要因素这一结论。

（一）弹性理论

弹性理论中，"弹性"一词源于物理学，在经济学中特指因变量经济变量的相对变化对自变量经济变量的相对变化的反应程度或灵敏程度。弹性理论这一概念最早由马歇尔在《经济学原理》一书中提出，随后有更多的经济学家对其进行完善补充，并广泛运用于经济学中。

弹性理论产生于1929—1933年资本主义经济危机时期，金本位制的崩溃使得经济学家急于寻求新的理论维持经济发展。弹性理论主要分析了货币贬值对国际收支差额的影响。针对贸易逆差这一问题，弹性理论从弹性条件和汇率贬值这两个方面进行了深入探究。

弹性理论是在四大前提假设的基础上提出的：第一，仅考虑汇率变动在进口市场的变化；第二，商品供给具有完全弹性，商品价格不会因为需求的变化而产生变化；第三，国际间不存在资本流动，国际收支就等于贸易收支；第四，进出口商品需求仅取决于商品及其替代品的价格因素。

弹性理论在以上4个假设条件下进行分析，以进出口商品供求的价格弹性为基础来考察汇率波动与进出口总值的关系，主要涉及进口商品的供给弹性、进口商品的需求弹性、出口商品的供给弹性和出口商品的需求弹性这四项内容。当出口需求弹性大于1时，需求变动大于价格变动，只有货币贬值才能改善贸易收支。

弹性理论纠正了货币贬值一定能改善国际贸易收支的错误观点，但弹性理论本身也具有缺陷性。充分就业，供给弹性无穷大，并不符合经济周期的现实意义。因此，弹性理论仍需进一步完善与补充。

（二）吸收分析理论

吸收分析理论是于 1952 年，由詹姆士·艾德华·米德和西德尼·亚历山大提出的。吸收分析理论在凯恩斯宏观经济学理论基础上，均衡分析了货币贬值的政策效应，并提出了相应主张。

随着第二次世界大战的结束，在 20 世纪 50 年代，各国都处于战后政治和经济的复苏阶段，对各种商品的需求量陡然上升。美国经济复苏迅速，运行平稳，商品稳定出口，因此其他各国对美国进口商品的需求数量增大，导致他国对美国产生持续的贸易逆差。贸易不均衡是摆在各个国家面前亟须解决的一大难题，吸收分析理论的出现符合时代的呼唤。

同样，吸收分析理论也有前提假设：第一，国家出口的不等和国际收支的不平衡是相统一的；第二，货币贬值引起出口量增加是唯一的原因；第三，假设国内仍有闲置资源。

吸收分析理论具体理论如下。

设 Y 为国民收入，C 为消费，1 为投资，G 为政府支出，则凯恩斯的国民收入方程为总收入 = 总支出，即

$$Y=C+1+G。 \tag{4-2}$$

这是分析封闭型经济得出的均衡方程式。在开放型的经济中，设 X 为出口，M 为进口，则

$$Y=C+1+G+X-M。 \tag{4-3}$$

设 $A=C+1+G$ 为总吸收，$B=X-M$ 为国际收支（经常项目收支）差额，则式（4-3）可写成

$$B=X-M=Y-A。 \tag{4-4}$$

上式的经济含义表明，一国的国际收支就是该国总收入与总支出（总吸收）的差额。当总吸收与总收入相等时，国际收支平衡；当总吸收大于总收入时，国际收支逆差；当总吸收小于总收入时，国际收支顺差。

既然国际收支逆差是总吸收大于总收入，调节国际收支逆差的方法无非是增加总收入、减少总吸收或者二者兼用。增加总收入又叫支出转换政策或转换政策，减少总吸收又称为支出减少政策或吸收政策。运用吸收政策主要表现为通过紧缩性的货币政策和财政政策来减少对贸易商品的过度需求，纠正国际收支逆差。

将式（4-4）换成下列形式：

$$dB=dY-dA。 \tag{4-5}$$

此式表明，若贬值引起总收入的增加大于总吸收的增加幅度，则收支差额得到改善；若贬值引起的总吸收的增长大于总收入的增长幅度，收支差额将会恶化。所以，吸收分析理论的中心问题就是要研究贬值如何影响收入和吸收。

总吸收的变化包含两个方面：一方面，收入的增长将导致吸收的增长，增长的幅度取决于边际吸收倾向 α；另一方面表现为对吸收的直接影响，即由贬值对吸收产生的其他影响，以 D 表示。因此，总吸收的变化为：

$$dA=\alpha dY-D。 \tag{4-6}$$

把式（4-6）代入式（4-5），得出：

$$dB=（1-\alpha）dY+D \tag{4-7}$$

因此，贬值对国际收支的实际效果取决于三个因素：贬值引起的实际国民收入的变化、边际吸收倾向的大小、贬值引起的吸收的直接变化。

吸收论克服了局部分期的缺陷性。吸收论假设只有贬值是增加出口的唯一原因。在国际贸易往来中影响出口的因素还有劳动力、国家政策、商品价格等，这些都是必须考虑的因素。另外，吸收论并没有考虑资本和劳动力在国际间的流动问题，是与现实不符的。

（三）不完全汇率传递理论

在"市场完全没有竞争存在，厂商没有能力改变价值"这样的假设下，本币贬值就意味着本币表示出口价格的下跌和进口价格的上升，汇率变动对价格的传递系数为1。但是这种假设过于理想化，在现实中不存在这样的可能性，汇率对商品的价格的传递效应在40%—50%之间。有学者研究发现，汇率波动在进口与出口之间的传递性是各不相同的，正如经济学家墨菲特对美国22年的数据进行实证分析后，得出进口价格高于出口价格的传递效应。汇率波动在进口于出口之间的传递性差距较大，因此以货币贬值来刺激出口并不一定会起到作用。究其原因，主要有三点：

第一，当货币升值或者贬值时，厂商会对自己的商品做出调整，调整度受到汇率变动程度、市场集中程度、产品独特性等方面的影响。因此垄断性的存在影响汇率变动对进出口价格的传递。

第二，沉没成本影响汇率变动对进出口价格的传递。厂商在国外开辟新市场时会付出必要的沉没成本，当东道主国家货币汇率发生变化时，厂商难以在短时间内改变策略、估计市场份额、自行调整价格。

第三，在市场份额、对本币的预期、对不同行业的影响等诸多因素的影响下，汇率波动的传递性小于1。

（四）马歇尔 - 勒纳理论和 J 曲线效应

马歇尔 - 勒纳理论是对弹性分析说的继承与发展。马歇尔 - 勒纳理论基于五大假设条件：一是供给弹性无限大；二是贸易差额零起点；三是国家之间不存在资本的流动，国家的收入就等于贸易收入；四是充分就业；五是除了汇率其他贸易条件不发生改变。以我国为例，我国出口也以劳动密集型商品出口为主，这类商品进口弹性小，进口额增幅较大，汇率贬值带来的影响大于汇率升值带来的影响。

马歇尔 - 勒纳理论中的 J 曲线效应：一旦货币发生贬值，按照之前签订的合同，尽管本币的价格上涨、成本增加，但贬值并不会影响合同的继续，理论上贬值会带来出口的增加。假设汇率变化在时间轴上是一个时间点，尽管物价下跌带来需求增加，但出口商仍需一定时间来调整生产力或者设备从而调整产量，因此贬值后出口增加是需要一定时间的。从企业角度来说，货币发生贬值，短期内进口不会发生太大波动，货币贬值会带来出口的增加；从消费者角度出发，消费者消费行为具有一定的消费倾向和习惯，不会对价格变化立刻做出反应，需要一定的时间调整自己的消费习惯和倾向（调整时间一般为半年到一年左右，发达国家调整时间较短，发展中国家调整时间较长）。因此，进口成本的增加和出口销量的不显著变化不会改善贸易收支，甚至带来贸易收支恶化的结果。J 曲线效应具体如图4-2、图 4-3 所示。

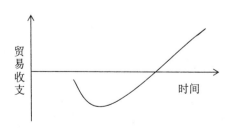

图 4-2　货币贬值的 J 曲线效应

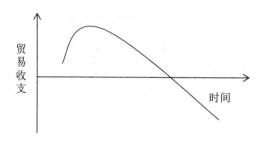

图 4-3　货币升值的 J 曲线效应

五、汇率影响外贸的路径

汇率变动影响外贸是通过汇率改变价格来实现传导效应的。这种传导效应的实现是通过两个方面来传递的：第一，汇率变动带来出口价格的变化；第二，进出口价格变化传递到国内。如消费品价格的变化引起总体物价水平的变化；国内物价总水平变化反过来作用于外贸产品价格，影响进出口。这种传导效应有两个路径：一是直接影响路径，二是间接影响路径。

（一）直接影响路径

汇率变动的直接影响就是本币表示的进出口价格发生变化。本国货币升值，那么本币表示的进口价格下降，进口商品中包含的消费品价格也会随之下降，消费者从国内进口商品的消费转向出口消费品的消费。受供求关系影响，国内消费品价格降低。但是由于国内的进口结构中不仅包括消费品，还包括原材料和半成品，原材料和半成品仍需进一步加工处理才能流入最终消费渠道，本币升值带来原材料和半成品价格的下降，会降低生产商的生产成本，进一步导致消费品价格下降。

（二）间接影响路径

汇率变动的间接影响主要体现在国家整体、消费者、生产者和对未来的预期四个方面。

从国家层面来讲，汇率变动影响主要通过收支机制和货币供应机制两方面体现出来。从收支机制来看，汇率变动会通过影响进出口价格影响国际贸易收支。假使本币升值，进口商品价格下滑，进口商品数量增多，贸易支出增加，出口价格上升，出口产品数量下滑，贸易收入减少。在此种情况下，国家长期贸易顺差会放慢步伐。汇率变动对金融资产价格的影响是立竿见影的，但体现在价格上需要一段时间。另外，汇率变动对进出口价格的传递系数也具有制约作用，但是汇率变动的影响是在短时间内形成进出口价格的优势或者劣势。长期来看，只有调整生产规模、促进生产技术升级才是进出口厂商的产品在国际贸易中达到长期均衡的有效手段。

从消费者层面来看，汇率变动影响消费者收入和支出，进一步影响物价变动。当货币币值上升，进口产品价格下降，实际上消费者的购买价格下降。这将带来两个后果：第一，工资的上涨带来进口商品需求上涨，进口商品需求上升，国内替代产品的利润下降，国内物价下跌；第二，部分企业有可能会考虑降低工人工资，或者减缓工资上涨速度，工资降低会导致商品需求降低以及物价下降。

从生产者的角度来看，当本币升值，原材料和半加工产品价格下跌，相当于企业的生产成本降低，国内物价也会随之下降，出口产品的价格则会因为本币的升值而升高，外国需求减少会促使许多企业出口转内销，低价销售产品，从而使国内物价水平进一步下跌。这是一种为了保证成本的回收不得不做出牺牲的被动局面。

对未来的预期从生产和消费两个方面产生影响。生产商在生产时必然会考虑货币升值对成本的影响和物价下跌的变化趋势。利润减少也会带来生产成本和物价的连锁变化。

除此之外，汇率变动影响外贸的因素还有很多，必须要根据国情和具体的国内外环境，具体问题具体分析，不能一概而论。

六、我国汇率制约外贸体制改革

（一）分配出口亏损的汇率功能

发展中国家普遍存在分配贸易亏损的问题。国家具有直接调控经济的功能，国家政策影响国民收入分配并决定着外贸亏损的分配。国家通过对汇率的调节实现对外贸收支的调节，通过合理的亏损分配协调国家与企业、中央与地方、企业与企业之间的利益关系，促进我国出口的进一步发展和国家产业逐步向高级化发展。

我国是一个发展中国家，目前仍然以劳动密集型产业为主，进出口贸易也是以资源密集型产品和劳动密集型产品换取发达国家的技术密集型产品，因此我国在国际贸易中处于价值亏损的境地。为了我国经济的可持续发展，必须在长期出口贸易中鼓励发展技术含量较高的深加工、高新技术产业，以此提升我国国际分工地位，解决原有的分配外贸亏损的问题。

我国在国际分工中的地位，以及我国国内的经济状况决定了分配出口亏损的汇率功能。

（二）计划与市场机制相结合的近位汇率水平

我国的汇率杠杆主要分为计划和市场两种。

目前，我国经济中仍然有多种经济关系尚待理顺，许多经济行为呈现出追求短期利益的趋势。

国家计划可以统筹国家利益和各方利益，市场调节则可以充分调动各方面出口的积极性。外汇额度中留有调剂额度，调剂价格随着市场变动上升或者下降，计划决定留成比例，以此影响调剂市场的供求和价格。

计划与市场机制相结合的汇率杠杆对我国分配出口亏损有以下四点重要意义：

一是利用计划和市场两种杠杆，让国家和企业分别掌握部分的分配权，将国家利益和企业利益相结合；

二是在外贸企业之间，用近位汇率水平推动外贸企业在改善经营管理的竞争中争取企业利益；

三是通过近位汇率压力推动工贸结合，改进技术，降低成本，扩大出口；

四是通过外贸额度的计划分配，将近期利益和长期利益相结合，保证出口的正常运行，同时国家用一定的手段促进产业结构优化，提高我国的国际分工地位。

（三）汇率政策改革

出口亏损压力过大会导致企业和地方普遍难以承受，导致全国性经济滑坡，国内外汇供应减少，市场调剂价格上升，出口规模减小。当出口规模缩小到国家难以承受的程度时，国家会补充银行贷款资金，导致出口亏损挂账。

为了避免出现上述严重后果，汇率政策会做出以下五方面的构想，如图4-4所示。

图 4-4　汇率政策的五方面构想

第二节　人民币汇率调整与市场调节

一、人民币汇率发展趋势

自 1949 年 1 月 19 日，人民币在天津挂牌，依照人民币与美元之间的汇率得出人民币与其他国家之间的汇率。随着新中国的发展，人民币汇率随着我国社会政治经济的发展不断调整。人民币汇率调整主要经历了四个阶段：钉住汇率制度时期、双重汇率制度时期、浮动汇率制度时期、现行汇率制度时期。

（一）钉住汇率制度

1. 国民经济恢复时期钉住美元汇率制度（1949—1952 年）

自 1949 年 1 月 19 日人民币兑美元的汇价在天津挂牌后，政府宣布人民币不以黄金为基础，而是实行与其他货币间的兑换比价。1950 年 4 月，政府取消外汇交易所，取消议价制，实行外汇统收统支制度，汇率由人民银行统一调整。

1949 年到 1950 年 3 月，我国的主要贸易对象为美国，并且通过私营进出口商进行外贸交易，通过人民币汇率调节进出口贸易，因此中国以美元为基础结算人民币与其他外币之间的汇率。时至 1950 年 3 月，42 000 元旧人民币可兑换 1 美元。

1950 年 3 月，全国财政经济会议后物价日趋稳定，人民币汇率逐渐升高。受美国物价不断上涨引发国际物价上涨的国际局势的影响，为保障我国外汇资金安全，我国汇率政策从过去奖出限入转为进出口兼顾。人民币汇率也从 1950 年 3 月的 42 000 元旧人民币兑换 1 美元上升至 1951 年 5 月的 22 380 元旧人民币兑换 1 美元，升幅高达 46.7%。

在这一时期，汇率制定主要以物价对比法为基础来计算，也就是这一时期人民币汇率制定的依据是物价，主要包括出口理论比价、进口理论比价和侨汇购买力比价，再由三者的加权平均数确定出人民币兑换美元的汇率。

（1）出口理论比价。

出口理论比价的计算公式为

$$出口理论比价 = \frac{\dfrac{每项出口商品国内总成本}{每项商品离岸价} \times 商品权重}{一定时期出口金额比重}。 \quad (4-8)$$

（2）进口理论比价。

进口理论比价计算公式为

$$进口理论比价 = \frac{\dfrac{每项进口商品国内总成本-国内各项费用}{每项商品离岸价} \times 商品的权重}{一定时期进口金额比重}。 \quad (4-9)$$

（3）侨汇购买力比价。

侨汇购买力比价计算公式为

$$侨眷生活物价指数 = \frac{生活品计算期价格 \times 消费量}{生活品基期价格 \times 消费量}。 \quad (4-10)$$

在中华人民共和国成立之初，在紧张的国际局势、朝鲜战争危机和国内经济恢复发展需要的特殊时代背景下，采取高频率钉住物价水平是符合时代发展需要的。

2. 基本保持固定的钉住美元汇率制度（1953—1972 年）

自 1953 年，中国进入社会主义建设时期，实行高度集中的计划管理经济体制，国家规定物价。在这一时期，国家经济和物价水平均平稳发展。

这一时期，国际货币体系处于布雷顿森林体系的中后期，西方国家竞相对外倾销，使国际商品价格下跌；西方国家受到通货膨胀影响，货币购买力下降。人民币价值受到国际市场和本国物价水平两方面影响。按照国际货币发展趋势，人民币兑换美元应贬值；按照国内消费物价，人民币兑换美元应升值。

在这一时期，国家统一经营，不需要汇率来调节进出口贸易，只有外国货币升值或贬值时，才做出相应的调整。这一时期的人民币汇率基本稳定。自 1955 年 3 月至 1971 年 11 月，在这 16 年期间，美元兑换人民币汇率始终按照 1 ∶ 2.4618 的比价，长期固定钉住美元。

3. 频繁调整的钉住一篮子货币的汇率制（1973—1980 年）

在这一时期，中国经济开始从传统的计划经济转向市场经济和商品经济。人民币币值过高、贸易逆差严重、外汇储备缺乏等都是人民币汇率制度需要调整的原因。

随着国际石油价格猛涨，布雷顿森林体系走向崩溃，西方国家通货膨胀日趋严重，世界商品物价水平严重上涨，各国汇率紧随市场供需频繁变动。中国调整人民币汇率的主要原则有三：一是坚持稳定人民币汇率的政策；二是在对外贸易中贯彻平等互利的原则；三是参考国际货币市场及时调整人民币汇率。中国始终认真贯彻三大原则，旨在公平合理、加强调整研究，逐步扭转被动局面。

在这一时期，人民币汇率同西方国家货币的升值或贬值情况以及美国物价变动发展趋势基本是相适应的。中国人民币汇率制度在这一时期随着西方发达工业强国的汇率变动而进行变动调整，很大程度上抵御了国际汇率波动造成的人民币汇率随之巨大变动的影响，促进了人民币汇率的平稳发展。但由于人民币汇率水平往往高于国际汇率水平，因此在这一时期，我国外贸出现较大的贸易逆差，国际外汇储备严重不足。

（二）双重汇率制度

在 1978 年的党的十一届三中全会上，我国确定了对外开放的经济政策，这标志着我国正式进入经济改革开放时期，开始从计划经济向社会主义市场经济转型。1979 年 8 月，我国进行汇率制度改革，保留公布牌价，制定内部结算汇率，从 1981 年开始施行，我国人民币汇率正式进入双重汇率制度时期。双重汇率制度是指，外汇管理中不同于将汇率视为一种唯一调控手段，中央银行对资本流动加以影响和控制，实行奖出限入，以利于国际收支平衡，促进国民经济和对外经济关系的发展。

1. 西方国家实行双重汇率

西方国家实行双重汇率制度是为了满足当时各国外汇管理的需要。自20世纪60年代以来，西方国家实行自由兑换的货币政策，各国外汇管理趋向放松。当时这些国家实行两种汇率：贸易汇率和金融汇率。贸易汇率是指通过政府采取强制措施，出口商将出口收入大部分按照贸易汇率卖给国家，实现政府对出口商的管理，同时政府对进口商的外汇同样严格管理控制；金融汇率主要用于资本收支和非贸易经常性收支，接近于自由市场的汇率。当对外贸易往来中贸易汇率未能满足全部贸易需要时，一部分将按照金融汇率自行解决。一旦贸易汇率和金融汇率差距较大，必须严格按照各自适用范围从严管理。当然，双重汇率必须应用于实现货币自由兑换的国家。

2. 中国实行双重汇率

在我国，实行双重汇率主要体现在官方报价上，汇率与内部贸易结算汇率并存。贸易内部结算汇率仅适用于贸易进出口的结算。官方汇率用于结汇包括旅游、交通、保险在内的其他工作服务。

中国实行双重汇率主要是由于改革开放初期，国家不得不引进国外先进技术和产品，外汇资金短缺，因此人民币汇率采取了双重汇率制度，实现了不同部门利益的整合。

当西方经济逐步复苏，我国贸易收支也明显发生转变，外汇储备有了较大增长。我国人民币汇率呈现以下特点：一是双重汇率制，也就是贸易结算汇率和官方汇率并存；二是双重汇率制反映出人民币面临的一定贬值压力，官方汇率连年下跌；三是双重汇率制调低了人民币贸易结算汇率，反映了双重汇率制度中仍有计划经济的影子。

1981—1984年，我国实行官方汇率与贸易结算汇率并存的双重汇率制度。在这一阶段，受美元贬值影响，官方汇率不断调低。这时的贸易结算汇率主要是根据换算成本计算得出的，而不是由市场供需关系决定的。贸易阶段影响物价水平，出口换汇成本跌至2.8元以下，产品被疯狂抢购，进口商品价格上涨，严重影响物价平稳发展。国际货币基金会质疑我国的双重汇率制度。国际货币基金会认为，双重汇率制度应当作为一国解决国际收支逆差的临时性措施，在实现本国贸易顺差后，应当立即取消双重汇率，转向单一汇率。

1985—1993 年，中国实行官方汇率和市场汇率并存的双重汇率制度。1985 年后进行的汇率改革废除了交易汇率，实行单一汇率制度。随着深圳第一家外汇调节中心的成立，中国银行的业务模式发生了改变，以鼓励外汇业务的持续快速发展。因为外汇调节中心的建立，形成了外汇调节市场和调节价格的格局，确立了官方汇率和市场汇率并存的外汇调节双重汇率制度。汇率由市场决定，随着市场供求的波动，官方汇率的币值被高估，货币缺口仍然很大，市场调整高于官方调整。

汇率经过多次调整后，逐渐向统一的市场汇率迈进，官方汇率逐渐接近调剂市场价，我国外汇调剂市场趋向成熟。

（三）浮动汇率制度

1994—2005 年，我国实行以市场供求为基础的浮动汇率制度。这一制度的实行归因于过去实行的双重汇率制度已经不适应新时期外贸经济的发展。浮动汇率制度主要致力于改善以下三个方面：双重汇率的并轨、外汇市场的建立与完善、人民币汇率水平的重估。面对 1997 年泰铢危机引发的东南亚金融贬值的冲击，我国的人民币汇率也受到了影响，面临贬值危机。值此之际我国主动表现出大国担当，在承诺人民币不贬值的基础上，将汇率制度转变为有管理的浮动汇率制度。

在有管理的浮动汇率制度下，将停止发放外汇证书，中央银行将在市场上买卖外汇，以稳定汇率制度。银行实行结售汇制度，公司以当日汇率向当地银行出售外卖，换取人民币收入。如果公司需要外币，可以在指定银行凭有效证件兑换外币。浮动汇率制度为银行建立了单一货币市场，让市场发挥基础性作用。国家取消外汇收支强制性计划，运用经济和法律手段促使市场在外汇分配领域发挥基础性作用。

人民币汇率基本由市场决定，中国人民银行针对外汇公布公开市场操作，对人民币汇率实行有管理的浮动调整。人民币汇率的重估和汇率制度的改革实现了 1994 年之后外汇"惊喜行"项目的盈余，改变了人民币贬值预期，增加了资本流入项目，促进了外汇储备的高速发展。1996 年，中国外汇储备超过 1 400 亿美元，外汇处于超额供给状态，经常项目实现贸易顺差。同年，在上海、深圳、江苏和大连四个省市进行外商投资企业的结售汇试点获得成功的基础上，中国人民银行将外商投资企业纳入结售汇体系，促使人民币实现自由兑换。

1996 年 12 月 1 日起，中国接受《国际货币基金组织协定》中第八款的

第二、三、四条要求，实现了人民币自由兑换。但是资本流出的外汇控制较为严格，基本上遵循"宽进严出"的原则。

2005年之后，我国实行以市场供求为基础的有管理的浮动汇率制度。受到东南亚金融危机影响，我国采取了在稳定宏观经济的大前提下，在微观层面进一步推进汇率的改革。

在这一时期，汇率形成机制的市场化程度仍然不高，参与主体受限，外汇买卖双方都带有垄断性质，人民币仍然处于单一钉住美元的阶段。银行实行结汇售汇制度，取消出口所得外汇收入必须出售给指定的银行这一制度，促使人民币在经常项目下实现自由兑换。

（四）现行汇率制度

现行的汇率制度以市场供求关系为基础，以一篮子货币为参考进行调节，实行有管理的浮动汇率制度。

人民币汇率以自由浮动为主，在必要时，政府予以适当的干预，促使人民币对美元的汇率维持在稳定状态，遵循"主动性、可控性、渐进性"原则，加深人民币汇率机制市场化程度，主要调整内容如图4-5所示。

图4-5 人民币汇率机制调整内容

为了配合人民币汇率机制调整，中央人民银行出台了相关配套措施。首先，加强相关基础设施建设，促进更多市场主体实现与银行的远期交易；其次，增加市场避险机制，开展多种交易服务，为企业和居民管理服务提供了全面且灵活的调整措施；最后，调整外汇管理手段，深化外汇管理体制改革，理顺外汇供求关系，构建协调的国际收支市场机制，促进国际收支平衡。依照"主动性、可控性、渐进性"的指导原则，扩大人民币汇率的弹性，渐进地影响汇率调整，提升汇率的弹性。

二、人民币汇率对中国进出口市场结构的影响

改革开放以来，中国重视对外贸易的发展速度、规模与质量，其对外贸易伙伴遍布世界每一个大洲和地区。

中国是亚洲第一进口市场，中国旺盛的进口需求弥补了亚洲贸易面向出口的外向型国家内需不足的问题。中国为亚洲经济的迅猛增长作出了巨大贡献，同样亚洲也对中国经济的发展起到了至关重要的作用。欧洲各国与美国仍然是中国主要的贸易对象，所占比重仍然不容小觑。

汇率变动如何提升贸易的竞争优势，如何促进产业升级是摆在中国汇率调控面前亟待解决的一大难题。

如果汇率上升，进口投入的比例与以当地货币计价的生产单位的生产成本之间呈负相关；如果汇率下降，进口投入的比例与以当地货币表示的生产单位的生产成本之间呈正相关。进口投入比例与发行外币计量单位的生产成本之间存在负相关关系，进口投入的比例决定了生产成本的变化率。

如果货币价值增加，主要用于进口投入的商业产品的实际贸易价格竞争力将减弱，较少用于进口投入的贸易产品将在实际贸易价格中经历更具竞争力的下降。相反，当货币贬值时，汇率变动对贸易竞争力的影响呈负相关。

短时间内的汇率变动，可以通过减少产品利润的方式抵御本币升值带来的商品竞争力下降，但是若汇率变动是长期的，汇率对商品的成本影响是持续的，必然会促进企业对资源配置加以调整，促进贸易结构的调整。

一个国家的汇率变动产生的效益是双向的。汇率带来的影响主要是在国际间流动，对高价奢侈品的影响并不大，但是对劳动密集型加工产品来说，因为劳动力价格上涨，资本家会将加工生产环节转移至其他发展中国家，给产业结构带来影响。另外，如果一个国家的货币币值被低估，外国投资商的主要目的就是利用低廉的劳动力；一旦该币值上升，必然促使外国投资商转向高端产业，促使该国工业产业结构升级。

例如，当 A 国货币贬值时，跨国公司的最佳选择是增加 A 国竞争品的生产，适当减少 A 国的垄断产品的生产，保持其他变量稳定；当 A 国货币增值时，跨国公司则采取相反的生产策略。

由以上例证可以得知，人民币升值改变了我国加工贸易产业在国际分工中的结构。首先，抑制了加工制造环节与国内上游产业的关联度，以及加工产业与物流产业的关联度；其次，中国目前的贸易现状是高品质商品所占比重较低，即便高新技术产品在出口产品中所占比重较高，也是集中于劳动力

密集型的加工产品。因此，中国的产业结构升级关键还是要实现从低质品向高质品的转变，实现价值链的由低端向高端的攀升。

三、人民币汇率波动对中国经济的影响

（一）汇率波动传导效应

汇率波动传播的基础是国家相对价格的形成。汇率具有使各国货币价格相互转化的功能，使各国货币具有了可比性。汇率的变动会促使价格相应地发生变化，进一步影响利率、对外投资等其他经济因素。

汇率波动传导效应最早由货币学派代表人物弗里德曼在 1953 年提出，核心内容为，当国际贸易处于交易费用为零、国家间贸易往来保持开放时，一种货物在世界各地售价相同。因此汇率与商品价格之间存在基本联系，按照一价定律，同一商品在各个国家价值相等，通过国际贸易实现价差被消除，最终达到市场均衡的状态。

汇率波动传导效应中存在的各因素不是相互独立的关系，而是在汇率波动传导效应下相互影响。汇率波动传导效应像是一张大网，置于网上的各个因素既相互制约又相互影响，如社会经济形态、国家对外开放程度、国家经济运行水平等因素。汇率波动最终影响经济的变化，这一变化过程就是汇率的波动传导，通过图 4-6 可知汇率波动引起经济变化的流程。

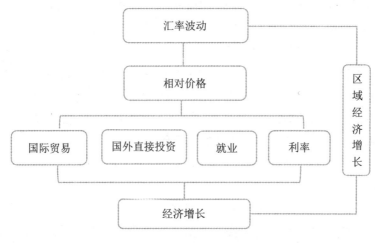

图 4-6　汇率波动传导

由图可知，汇率波动会直接引起价格的变动，其他经济变量随之发生变化。汇率一旦下跌，国家进口商品的价格上升，商品的原材料厂家的生产成

本随之上升，该国出口的产品在国外的价格下降，该产品在国际竞争中处于优势地位。汇率变动对国内外商品的价格都有传导效应，也就是价格传递效应。汇率的波动最终会回到价格上，并在很大程度上被国内价格吸收。

各个国家之间的货币通过一定的汇率进行转换，是国家贸易的基础，因此汇率对国际贸易产生直接影响。货币贬值促进商品的进出口，从而扩大贸易往来；货币升值则减少进出口贸易，改善国际贸易收支。汇率除了会影响国际贸易的规模与发展速度外，汇率波动还会增加国际贸易的相关风险。

（二）人民币汇率的决定因素与汇率决定理论

1. 人民币汇率的决定因素

人民币汇率受到多方面因素的联合影响，各因素之间也有着错综复杂的关系。汇率水平最终是多种因素叠加、共同作用的结果。其中影响汇率的主要因素有以下五点。

（1）利率水平。一旦一个国家的利率大幅度下降，水平低于其他国家，就会导致大量国内资本外流，外国流入资本减少，导致在外汇交易市场上该国的货币被大量抛售，汇率会随之下降。例如，20世纪90年代日本发生金融危机，日本政府当局决定通过扩张的财政政策挽救危机，然而低利率反而给日本带来长期、大规模的经济衰退。因此，利率调控是国家货币政策调控的重要手段，对金融稳定起到不可忽视的作用。利率的提高或者降低，直接伴随着汇率的涨跌，因此确定合理的利率水平对于稳定汇率有积极的影响。

（2）经济增长。一个国家经济增长，该国国民的购买力会随之提升，会引发进口需求的增加；经济增长意味着该国的生产率提升，产品竞争力提升，该国对进口产品的需求量下降；经济增长吸引国外投资，进一步改善本国资本状况；经济增长会使本币币值上升，汇率也会随之上升。

（3）货币供求情况。一旦货币供给量减少，货币因稀少导致单个价值更高，随之而来的就是信贷紧缩，社会的总需求、总产量、就业率下降，也必然带来商品价格的下降，外汇汇率也必然下降；反之则会带来外汇汇率上升。这是因为货币的供求情况直接影响货币价值以及货币购买力，所以货币供求情况影响人民币汇率。

（4）国际收支。国际收支影响一个国家的外汇供求和外汇储备。外汇市场出现供不应求时，本币供过于求，外汇储备减少，外汇汇率上升，本币贬值。我国外汇供过于求，人民币供小于求，庞大的外汇储备规模使外汇汇率下降，推动人民币升值。

（5）经济发展战略。新中国成立后，我国经历了进口替代战略，随之实行的是出口导向战略。进口替代战略实行较低的进口关税和较高的汇率，为我国建立国内自主的工业体系提供了战略导向。出口导向战略则是建立了面向世界的出口贸易加工体系并构建了相关产业结构。目前我国一定程度上实现了产业转型与产业结构升级，人民币汇率也随之小幅度提升。

2. 汇率决定理论

（1）国际借贷理论。英国学者戈森提出的国际借贷理论，也被称为国际收支说，主要内容为外汇供求关系引起外汇汇率的变动。外汇供求关系是由国际商品和资本流动形成的借贷关系，也就是一个国家的外汇应收项目。简言之，国际收支是影响汇率变化的直接因素。

（2）购买力平价理论。瑞典经济学家卡塞尔提出了购买力平价理论。购买力平价理论是基于统一价格法的价值假设，主要内容为两种货币的汇率等于两种货币的国内购买力之比。购买力平价有两种形式：绝对购买力平价和相对购买力平价。虽然购买力平价理论忽略了国际营运资本等因素对汇率的影响，但购买力平价理论合理地解释了确定汇率的基础。购买力平价理论在经济学中被广泛应用于预测汇率走势，在理论和实践上都具有重大的国际影响。

（3）巴拉萨 – 萨穆尔森效应。巴拉萨和萨穆尔森在 1964 年提出了巴拉萨 – 萨穆尔森效应，主要内容为市场汇率与购买力平价之间的偏离是长期的且系统的。巴拉萨 – 萨穆尔森效应对购买力平价理论相关观点持批判看法，认为在经济增长越快的国家或地区，工资增长率会随之提高，实际汇率增长速度也更快。巴拉萨 – 萨穆尔森效应针对小国经济和利率给定、劳动力与资本，可以实现在不同部门快速自由流动等假设条件。

虽然巴拉萨 – 萨穆尔森效应假设条件较多，但中国目前经济所处的阶段与巴拉萨 – 萨穆尔森效应要求的假设一致度较高。中国经济增长速度逐年增长，中国人民的实际工资不断增高，实际汇率也不断提升。

（4）汇率决定的资产市场理论。20 世纪 70 年代中后期兴起汇率决定的资产市场理论，该理论是国际资本高度流动的结果。该理论将汇率看作国家间保持均衡发展的货币相对价格，即商品市场、货币市场和资本市场均是决定汇率的因素。

我国正处在经济发展的关键时期，选择适合中国经济发展的汇率决定理论指导中国汇率政策至关重要。以上四种理论从不同角度研究汇率的决定和变动，各具优点也各有不足。中国汇率决定理论还是应当基于中国经济大发展、大繁荣的背景，选取最具有中国特色的汇率决定理论。

（三）人民币汇率对进出口贸易的影响

人民币升值在短时期内对我国的出口外贸有较大的影响，这是因为我国出口外销的商品目前仍对价格优势依赖度较高，本质上仍然缺少核心竞争力。

目前，人民币汇率稳中有升，但是升幅不大，增加了我国出口商品在国际市场上的竞争力，促进了我国出口商品国际竞争力的提升，扩大了我国对外贸易顺差。但是部分企业一味追求出口利益，在境外低价倾销，在国内哄抬物价，损害了国内消费者的利益，不利于我国外贸的长期发展。

自从 2005 年我国人民币汇率机制进行新改革后，人民币汇率呈现出稳中有升的发展态势，偶有短期下降。在此背景下，人民币汇率调整给传统的出口优势产业带来一定冲击，但是对原材料进口产业有促进效应。

我国传统的制造业缺乏核心竞争力，没有形成品牌效应，竞争优势主要在价格方面，因此当人民币升值时，首先对传统制造加工业造成了冲击。例如，给我国创汇较多的纺织业，其产品附加值低，出口量大，受到的影响较大。但是从另一方面讲，人民币升值有利于纺织业技术创新升级，从而提升产品档次，有利于出口创汇。

我国原材料类产品具有较强的价格竞争力，即便人民币升值也不会对其产生明显的影响。但是纸类、木制加工品等产品出口价格竞争力不强，一旦人民币升值，则会导致这类产品的出口增长放缓。从可持续发展的生态发展观看，人民币升值对调整产业有深远意义。我国虽然地大物博，但是有些资源仍然处于稀缺状态，有些资源类产品本身在开采时就是高污染与高耗能并行，资源开采加工的同时，污染治理也是亟待解决的问题。出于对紧张的资源环境的考虑，大力发展原料类产品出口与建设生态友好型社会目标背道而驰，人民币升值对出口产业结构升级提出了严峻挑战，进一步发展高新产业和生态友好产业势在必行。

（四）人民币汇率对外来投资的影响

随着对外开放的进一步推进，外来投资早已成为中国经济发展的重要动力之一，它不仅可以增进贸易往来，在一定程度上解决我国的就业问题，也有利于引进国外先进生产技术和管理技术，在我国市场上与国产企业形成竞争，为市场增添活力。目前我国的外资企业主要分为两种：东南亚地区的中小型企业和西方的大型连锁企业。

第一种外资企业的规模一般较小，注册资本较少。这些企业来中国内地投资主要是因为中国内地有着广阔的市场和强大的吸引力，以及对中国文化的认同感。来自东南亚地区的中小型企业，本地区市场较为狭小，为了扩大市场，一部分企业选择来中国内地投资建厂。同时，华人华侨对中国内地的文化认同感强，同根同源的历史文化背景、相同的语言与生活习俗、相近的文化传统都促使来自中国香港、澳门地区或者东南亚地区的中小型企业在中国内地投资建厂。

第二种大型连锁企业在华投资主要有以下原因。首先，中国是人口大国，有大量廉价劳动力。相比欧美国家，在中国从事加工贸易无疑拥有明显的价格优势。但是，随着中国经济水平不断发展，人们的工资水平不断提升，原有的廉价劳动力优势不再存在，劳动力密集型的加工产业逐渐转向东南亚等劳动力充沛且价格低廉的国家。其次，即便我国劳动力已经不再具备绝对优势，但是我国政府近年来一直对外贸贸易及外商在华投资有较多政策支持，我国仍然在资源方面有较大优势，最重要的是我国拥有广阔的市场。这些优势仍然足以吸引大量的西方大型连锁企业在华投资，开启"进口＋出口"模式的投资方式。许多外商一方面大量进口原材料，另一方面实现大量出口商品。人民币升值不会给外资引入带来巨大的影响，反而有可能成为外商投资的一剂加强针，使其形成对中国经济稳定发展的心理预期，促使外商投资者稳定投资，甚至有可能追加投资。

除了外商在华投资办厂，人民币升值也带来我国企业、我国居民对外投资积极性的大幅度提升。中国企业、中国居民直接对外投资可以有效缓解通货膨胀。对外投资生产虽然花费成本高于国内的生产成本，但是可以有效绕开贸易壁垒，同时提升产品的价格，抵消生产成本的上升甚至带来更多的投资收益。我国近年来连年的对外贸易顺差，已经产生了一些与别国的贸易摩擦。针对我国的反倾销案件已经说明，我国产品的对外出口将面临巨大挑战，对外贸易应当调整战略，打破贸易壁垒。直接对外投资是一种突破贸易困境的有力途径。世界各国的跨国公司都经历了从产品出口的低级阶段逐渐过渡至对外投资的高级阶段这一过程，中国企业也将经历这一过程，逐步走向世界。

四、市场调节人民币汇率

自 1994 年货币改革和人民币官方汇率与市场汇率相结合以来，我国建立了基于市场供求的有管理的浮动汇率制度。市场供求在汇率中扮演着越来越重要的角色。

自 2012 年以来，国际货币基金组织（IMF）在其年度咨询报告中，将之前关于人民币汇率水平被严重低估的结论改为中度低估。到 2015 年 5 月，国际货币基金组织已经明确表示，人民币汇率将不再被低估。这意味着人民币汇率双向波动的灵活性继续上升到平衡适度的水平，人民币汇率水平趋于合理。

对人民币汇率实行有管理的浮动，其中重要一环是对人民币汇率中间报价机制的管理。人民币汇率中间价对引导市场预期、稳定汇率起到不可替代的作用。人民币汇率中间价既是汇率政策操作的中介目标，也是对汇率政策解读的重要窗口。即便如此，当人民币汇率中间价反映的供求信息不透明、不完全时，中间价波动率较低，银行的市场交易价与中间价产生较大差距。因为中间价在很多时候是一个不可交割的价格，有一定代表性和权威性，会导致交易价格动辄涨停或跌停，对汇率的弹性起负面作用。

经过"811 汇改"后，人民币对美元中间价报价机制以上日收盘价作为定价基础，提高了中间价。市场化的程度保证了价格的连续性和透明度，完善了人民币汇率市场化机制。

2015 年，设定当日人民币汇率中间价时，首先参考前一天的"收盘汇率"，即银行间外汇市场上人民币对美元的收盘价，同时考虑"一篮子货币汇率变动"，即人民币对美元双边汇率的调整幅度。当一篮子货币对美元的汇率发生变化时，这是保持人民币对一篮子货币汇率基本稳定所必需的。

（一）遵循价值规律

价值规律是由资产阶级古典政治经济学的创始人亚当·斯密提出的，他阐述了自然价格和市场价格之间的关系：价格会在市场供求的影响下上下波动，但价格将由价值决定。市场价格最终将趋向于自然价格，即商品的价值。然而，包括供求关系在内的各种因素都会使市场价格高于或低于商品价值。总的来说，供需关系是影响原材料市场价格的重要因素。如果商品供过于求，价格就会低于价值；如果商品供不应求，价格就会高于价值。价格围绕商品本身的价值而波动。因此，价值规律的基本内容是价值决定价格，表现形式是价格围绕价值波动。

价值规律也可以为当前汇率的发展提供合理的解释。价值决定价格，即市场汇率围绕均衡汇率波动。如果价格按价值波动，市场价格不能保持不变，而是在合理范围内上下波动。一旦汇率波动被人为控制，就会刺激无风险套利，使货币升值或贬值，无法达到预期计划；相反，它会导致预期自我的形成，增加汇率超调的自我实现。

（二）坚持市场化方向

尊重价值规律，让市场在汇率形成中发挥应有的作用。汇率在外汇收支行为中起着杠杆作用。如果汇率通常在外汇收支行为中起杠杆作用，那么价值法则在外汇市场的运行中起作用；如果汇率对外汇收支行为的杠杆效应失效，则市场运行异常，价值规律对外汇收入的运行不起作用。

尊重价值规律仍然要坚持强势人民币理念，不被市场预期影响。市场短期波动会带来汇率的波动调整，但不可能偏离均衡汇率太远，也不会偏离价值规律。汇率的形成与发展呈市场化趋势，市场与均衡汇率的关系，不同的人有不同见解。市场预期分化下，市场的看法不可能达成统一，也没必要达成看法统一，汇率波动将会越来越常态化。

汇率的波动是把双刃剑，对国内的经济运行有利有弊，对人民币在世界的影响有好有坏。市场各方面必须逐步接受并适应汇率波动新常态。汇率的变化是经济政策实施的共同结果，市场不必对汇率的波动作出过度反应和解读。市场中的微观主体更应当树立必要的汇率风险意识，正确看待汇率的增值与贬值，不应妄加猜测。

第三节　中国经济改革中的外汇宏观控制

一、我国外汇储备与外汇超额供给

（一）外汇储备

我国外汇储备除了个别年份因为遭遇经济危机受到重创，其余年份外汇储备连年上涨，增长速度飞快。我国 2006 年取代日本成为世界上最大的外汇储备国家。也正因为外汇储备连年上升，国外经济学学术界和国外政界一直认为人民币汇率仍然被低估。

　　一个国家的外汇储备是指以外汇计价的资产，包括存款、现钞、有价证券等。一个国家的外汇储备是一个国家经济实力的组成部分，体现了一个国家的清偿力，一般用于平衡国际收支水平、稳定国家汇率水平。外汇储备变化体现了一个国家外贸活动和资金流动的综合水平。

　　中国外汇储备常年不低于 3 万亿美元，截至 2021 年 12 月末，中国外汇储备规模达 3.25 万亿美元，创近 6 年来新高。至此，中国外汇储备已连续 8 个月保持在 3.2 万亿美元之上，外汇储备占据世界第一。外汇储备位居第二名的日本，却只有 1.25 万亿美元，不足中国外汇储备的一半。

　　中国外汇储备充足主要由三大原因造就：直接原因、制度原因和根本原因。首先，直接原因，即国际收支经常项目和国际金融项目的顺差，顺差贸易直接促进外汇储备的增加。其次是制度原因，中国在 1994 年实行外汇制度改革，推进强制结售汇制度后，实现了大量外汇储备积累，并且由于中国以市场供求作为汇率制度的调节杠杆，大大增强了人们对人民币升值的预期，加大了对外投资，外国企业加速出口创汇，推迟进口大型设备。最后，中国外汇储备过高的根本原因是储蓄率过高和国内内需不足。国内内需不足就无法完全吸收国内生产，中国人民的储蓄早在 2007 年就占国内生产总值的 51%，同年美国国民储蓄仅占国民生产总值的 14%。国内储备远远大于国内投资，导致中国"双顺差"，中国的外汇储备总量居高不下。图 4-7 可证明上述观点。

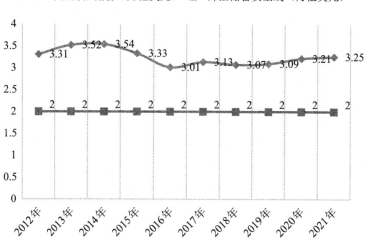

图 4-7　中国外汇储备 10 年变化图

　　由图可知，在中央银行的连年干预下，中国外汇储备除去少数几年略有回落，均为连年上升，近10年均超过外汇储备安全线。目前我国外汇储备过多，因为外汇储备是外汇供求非均衡的表现，可能是外汇市场外汇超额供给的结果，也可能是外汇市场上外汇需求不足造成的。

（二）外汇超额供给

想要探寻外汇超额供给的原因，首先要总结出汇率对外汇供求的作用机制，再在此基础上做进一步分析。

1. 汇率对外汇供求的作用机制

汇率对外汇供求的作用机制可以用以下公式计算：

外汇超额供给＝实际外汇储备规模－合意外汇储备规模。　　　　（4-11）

如果把中央银行合意的外汇储备作为正常的外汇需求的组成部分之一，外汇市场的供需缺口实际上是在某一非均衡市场汇率（指市场出清的市场均衡而不是宏观经济均衡）下形成的外汇过度供给或过度需求，也是实际外汇储备规模与合意外汇储备规模之间的差额。

2. 外汇超额供给的原因

人民币汇率超额供给主要源于人民币汇率水平对均衡汇率的偏离和供给与需求双约束的外汇市场。

（1）人民币汇率水平对均衡汇率的偏离。在人民币汇率水平对均衡汇率的偏离下，产生的套利机会是国际贸易活动的主要动力。当人民币币值较高时，从中国进口商品更加便宜，中国商人在对外销售时也能获得更多的利润，带来市场外汇增加。国内外商品价格的变化带来国内外商品需求的变化，进一步影响外汇供求。汇率一旦被低估会带来商品在市场上的价格竞争力，促进贸易顺差的形成，增加外汇。

一旦外资流入中国，外币资产的供给与需求也会对汇率产生影响。投资者对外币需求的增加带来人民币升值预期，外汇市场对人民币需求提升。当市场对美元预期贬值时，投资者为保证资金安全，增持人民币，这时也会导致外汇市场的外汇超额供给。

中国短期资本在资本流动中的比重逐年上升，外汇市场中也存在短期理性泡沫。随着汇率升值，市场参与者的预期上升，实现自我强化。这是我国外汇超额供给的重要来源。

（2）供给与需求双约束的外汇市场。目前，中国外汇市场的供过于求是在特殊的外汇管理体制和外汇市场供求条件下形成的。中国外汇市场受到的影响和制约更大。首先，自 1994 年以来，外汇市场包含同业市场用于外汇指定银行和客户之间平补结售汇。随着 2005 年市场交易系统的建立，银行的外汇结算和销售经理将接管被动市场交易。交易行为受配额管理限制，中国人民银行对中国货币交易中心进行市场干预。从长期来看，"宽进严出"的非对称资本项目控制、银行的强制清算和出售以及银行清算和出售外汇的头寸制度限制了中国外汇市场的供求。因此，这种外汇管理体制框架内的外汇供应过剩导致外汇超额供给。

二、外汇储备规模理论和主要观点

（一）外汇储备规模理论

国际上关于外汇储备的管理理论从不同视角分析外贸储备的适度规模，在独具优势的同时，也有着亟待解决的问题。世界上各个国家基本国情不同，经济发展水平各异，对外贸易需求不同，因此一个国家的外汇储备水平不是一个固定值，而是应当按照一定的模型加以量化计算。外汇储备规模理论主要有以下四个理论，如图 4-8 所示。

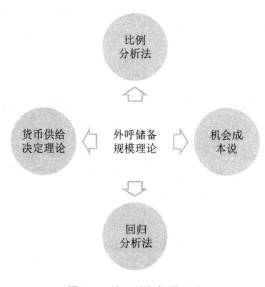

图 4-8　外汇储备规模理论

1. 比例分析法

美国经济学家特里芬在 1950—1957 年针对 12 个主要国家的外汇储备变动情况进行实证研究后发现，一个国家外汇储备与进口贸易额之间的比例关系达到 40% 左右为最佳，当这一比例低于 30% 时，政府必须对外汇实施调节措施，20% 为警戒比例。但是比例分析法只考虑商品交易对外支付需要，在经济全球化、资本流动对外汇储备影响过大的今天，不考虑全部经常项目以及资本项目下外债还本付息的支付需要，已经不具有适用性。

2. 机会成本说

20 世纪 60 年代末，阿格沃尔提出机会成本说，也可以称之为成本收益分析法。它强调国内投资回报率是持有外汇储备的机会成本，保持外汇储备高于国家需求将导致一些投资和消费，一国对外汇储备的需求由其边际成本和边际收入决定。应对国家储备的成本和收益进行适当的分析，以找到最合适的成本和收益水平。原有的海勒模型利用社会投资收益和持有准备金收益之间的差异来表示持有准备金的机会成本，但社会收益难以计算，因此持有准备金的机会成本的选择往往是主观的。机会成本说中的阿格沃尔模型修改和完善了海勒模型，使其适用于发展中国家，但只考虑了国际收支赤字和国际收支所需储备的影响，不考虑正常进口支付和外汇返还的要求，不考虑外汇储备在保持人们对一国经济发展和政治稳定的信心方面的作用。

3. 回归分析法

回归分析法是针对影响储备的诸因素进行回归的相关分析，通过构建需求函数求出一个国家的储备需求量。这一分析法弥补了数理化的发展趋势，但是由于应用的经验数据理论基础薄弱，无法涵盖影响储备需求的诸因素。宏观经济体系包含众多不确定性因素，较为复杂，缺乏在现实生活中的实际操作性。

4. 货币供给决定理论

在这一理论中，国际收支不平衡在本质上是一种货币现象。一旦国家内部货币供应高于国内需求，货币会流向他国，形成国际收支逆差，造成外汇储备水平下降。国内货币供应量决定了外汇储备的需求量。

（二）外汇储备的主要观点

人民币升值过快、外汇储备增长速度迅猛会产生相应的风险。针对国家储备资产的安全性、流动性和收益性三大基本原则，国内外有关学者就外汇储备主要持有以下观点：

1.运用外汇储备购买战略物资

随着我国对外开放水平不断提升，我国加入了世界贸易组织，在国际市场上扮演越来越重要的角色。我国的主要能源依靠国外进口，规模逐渐扩大，生产的商品销往全世界。随着对外贸易依赖度上升，我国经济风险日益突出，同时也越来越多地受到国际市场的影响。即便是世界周期性波动，也会影响我国整体经济运行情况，为我国经济发展带来负面影响。

在世界经济动荡不安，以及我国的外贸越来越受到国际经济影响的大背景下，我国运用外汇储备购买战略物资势在必行。将部分外汇储备转换为战略物资，可以在降低外汇储备风险的同时，增强抗风险能力。战略储备物资能够应付突发事件，保证经济的平稳运行，保障国家安全，因此利用外汇储备购买战略物资具有时代意义。

2.运用外汇储备购买石油期货

石油不仅是能源供应燃料，同时也是众多工业制品的原材料，因此石油储备量对工业发展、经济运转起重要影响作用。当前国际局势下，利用外汇购买石油储备具有一定的决策风险，购买石油期货则是一种化解风险的方法。首先，购买石油储备可以锁定价格，规避市场价格波动风险，同时不占用储备设备，节约成本。其次，购买石油期货可在一定程度上影响石油期货价格变动，争取到中国对国际原油价格的话语权，促进中国在石油金融中占据主动位置。

3.运用外汇储备促进国内金融市场发展

利用外汇储备能够促进金融市场的繁荣与发展。允许外国投资商将外汇存款、外国证券、外币债券等抵押给银行，在中国借用人民币投资，减少我国资本账户的外汇流入。

4.运用外汇储备进行跨国并购、对外投资

利用外汇，增加有资本的民营企业贷款，帮助有资格的民营企业实现"走出去"战略。利用外汇储备资助有实力的企业实现跨国并购，购买国外金融、技术、设备，提升企业核心竞争力，保证宏观经济平稳运行，促使国有企业逐步走向国际市场。

5.运用外汇储备进行官方储备资产调整

调整外汇储备资产结构首要之举就是转换以美元储备为主的外汇储备结构，使之一部分仍为美元储备，一部分转为欧元、英镑等其他货币，用于分散投资风险；或者直接将美元外汇储备兑换为黄金，确保资产的安全与稳定。为防止美元价格波动对我国经济影响过大，我国进行储备资产结构升级势在必行。我国目前国际储备中黄金储备份额过低，这与我国的大国形象严重不符，因此我国适当调整国家金、银收放政策势在必行。

三、人民币汇率的长期走势与政策建议

（一）人民币汇率的长期走势

1990 年，中国对外贸易改变了过去长期处于贸易逆差的处境；1994 年后，我国改变了人民币汇率持续贬值，甚至影响中国贸易收支这一现状；2003 年，在七国会议财政部部长会议上，日本财政部部长提出中国人民币升值的要求，之后，美国、欧盟各国等纷纷要求人民币升值；2005 年中国政府实行汇率改革后，对人民币汇率作出重大调整，不再单一钉住美元，转变为更有弹性的人民币汇率机制。人民币长期走势下，外汇政策仍需要进一步调整。

在改革开放的政策背景下，中国经济迅速腾飞，着手宏观经济大盘，深化重点领域改革，激发市场内在活力和内生动力，运用市场化机制鼓励企业创新投入；全面调整资源配置，加快政府职能转变，做好市场稳定发展的坚强后盾，协调政府与市场之间的关系，尤其在 2020 年以来，在全球疫情防控工作严峻以及国家关系复杂的国际背景下，我国经济发展仍然保持全球领先。一般情况下，随着中国经济的稳定发展，人民币升值成为投资者乐见其成的一幕。一旦人民币升值，可以增强投资者对货币的信心，提升本国货币汇价，为外国投资者带来较高的投资收益率，吸引外来投资，改善金融状

况，提升汇率。在美国经济不景气的前提下，经济发展迅猛的中国必然会受到人民币升值的压力。

国际收支中最重要的项目是经常账户和金融账户。目前，中国的资本账户和国际收支金融账户实现了交易者的双顺差，导致加大人民币升值的压力。国际收支平衡会改变汇率，即两种货币之间的相对供求关系的变化。一旦国际收支出现贸易顺差，外汇收入大于外汇支出，外汇价格就会下降，本币价格就会上升。

当前全球经济动荡不安，中国经济平稳发展，带来了他国对人民币升值的预期。尽管美元指数进入强势通道，中国内生经济增长在短期内有所减缓，但是中国繁荣的出口态势和中国追求债券相对丰厚回报的热钱，使得中国截止到2021年12月人民币升值幅度达到"全球最高水平"。截止到2021年11月，国际投资者持有的人民币债券总价值高达3.9万亿元（约合6 200亿美元），实现连续八个月增长。澳新银行分析师针对中国债券的研究报告指出，中国近10年的国债收益率为2.9%，而美国国债收益率为1.44%。由于人民币汇率发展具有低波动性，这些中国债券将保持长期的吸引力。

2021年5月26日，离岸人民币对美元汇率达到了最近三年的最高水平，央行储备大量人民币，促使人民币在世界范围内流通。中国购买大量以美元计价的商品，以此控制并降低进口商品的价格，抑制高通货膨胀。但是人民币升值过快必然也会带来一定的负面问题，如降低产品在海外市场的竞争力，影响中国经济的对外贸易，因此必须出台相应措施进行汇率调控。

（二）政策建议

1. 加快扩大内需，调整经济发展战略

改革开放以来，中国一直在运用外向型战略手段实现经济快速增长，同时导致中国经济高度依赖对外贸易。虽然对外贸易对促进中国经济增长发挥了重要作用，但与此同时也必须看到，中国作为世界上最大的发展中国家，经济发展潜力巨大，市场广阔，中国扩大内需是全面提升综合国力的必经之路。此外，还必须调整经济发展战略，从过去外向型战略向外向型与内需性平衡发展转换，调整有效供给，刺激经济发展需求，提升消费投资比例，改善过高储蓄率。

2.加快经济结构调整

化解人民币升值压力首先要改善中国贸易增长方式，加快转变经济体制和经济结构，这也是中国贸易保持平稳增长的必要手段；还要提升技术水平，加快核心科技研发速度，为产品赋能，提升产品的核心竞争力。我国原有的产业结构技术优势不明显，主要依靠劳动力成本优势，因此对人民币币值影响较大。为了缓解人民币升值压力，国家应对产业结构升级的企业予以扶持与鼓励。

3.保持人民币稳健的升值调控

中国经济工作安排务必念好"稳"字诀，经济发展稳中求进，政策保持连续性、稳定性和可持续性。面对人民币进一步升值，中国人民银行进一步提高外汇存款准备金率，降低金融机构存款准备金率，为中国出口企业提供更加稳定、有利于发展的汇率环境。中国人民银行的调控显示出风险规避性，为全球市场做出了正面表率，保持了人民币运行均衡水平，平稳了市场心态。

4.加快实现贸易顺差调整

我国出口贸易政策实行一系列鼓励、奖励措施，促使中国贸易出现了长期的贸易顺差。持续的贸易顺差一方面为我国经济迅速发展助力，另一方面也是引发我国与其他国家贸易摩擦的一大原因，甚至部分国家以此为理由施压人民币升值。对此，我国应主动采取控制贸易增长速度额度措施，缓解人民币升值带来的压力。针对一般出口产品，可以进一步调低退税率；对于资源性出口产品，退税率可以加大幅度降低；对于工艺落后、生产过程中产生较多污染的企业，则应增加出口税。

第五章　中国对外投资战略

第一节　国际投资下的中国对外投资分析

中国实行对外开放政策 40 余年，中国经济受到改革开放巨大推动力的影响，从最初对外资"引进来"政策到现在"引进来"和"走出去"双向投资并驾齐驱发展，形成了相互促进的双向投资格局，实现了相辅相成的良性循环。

一、中国对外投资战略的形成过程

自 1979 年中国实行改革开放起，中国不断提升对外开放水平，从早期建立深圳经济特区，到逐步开放沿海地区、沿边地区，至 2001 年加入世界贸易组织，一步步扩大开放范畴。

新中国成立 70 周年之际，我国实现了从农业国向工业国的过渡。中国工业实现由小到大、由弱到强的历史变迁。随着工业的发展，中国对外开放政策逐步转变为"引进来"和"走出去"双向投资并驾齐驱发展，扩大了原本的单一市场，实现利用两个市场、两种资源。实施"引进来"和"走出去"双向投资政策的主要目的是实现对外投资战略与本国经济发展水平相匹配，进一步促进中国经济平稳发展。

2001 年，中国通过出口贸易带动了国内经济的高速发展，国内经济发展所需的各项稀缺资源通过对外投资的方式获取，值此之际，中国政府首次提出"走出去"战略。随着中国跨国企业的经营发展、境外基础建设的投资以及人民币在世界占据越来越重要的地位，我国进一步调整了经济战略。

我国吸收外资规模和对外投资规模的差距在逐步减小，双向投资正在迎来"新常态"，整体态势呈现平稳增长、结构优化。目前业界普遍认为，中国对外投资规模超越了吸收外资水平，正处在向着贸易强国前进的征途中，将会实现在全球范围内配置资源，科学谋划"引进来"和"走出去"战略的双向实施,打造全球价值链、产业链和供应链。

目前,我国传统产业投资趋于预饱和,环境可持续性接近上限,第一、二产业比重下降,高端制造业仍保持良好发展态势,第三产业蓬勃发展。为了在高水平上实施"进入和退出"的双向投资政策,我国正在积极全面改善投资环境,以创造一个公平、透明、可预测的商业环境。商务部注重投资促进战略,开展投资促进活动,推动创新,推动产业发展,最重要的是实现制造业和服务业的开放。

"一带一路"倡议是实现投资与新贸易、双向投资与外贸协调发展的有效途径。重庆、郑州等"中欧班列"的持续运营,带动了重庆、郑州等相关地区的对外贸易和双向投资,打造了东部地区内陆开放新高地,促进了东部地区与中西部地区对外开放协调发展。高水平引进、大规模"走出去"是贸易发展的新趋势,将成为新时期开放型经济的重要特征之一。

二、中国双向投资格局的形成原因

从最初的对外开放,到后来引进外资,再到全面开拓对外投资,中国的对外开放进入新的发展阶段。最初的对外开放为对外投资奠定了发展基础,铺平了发展道路。在爆发国际金融危机后,中国把握时代机遇,加快发展步伐,引进外资,提升综合国力,为对外投资提供了发展的可能。2016 年,中国对外投资首次超过了引进外资的规模,实现了"引进来"和"走出去"双向发展,标志着中国双向投资格局的形成。2010—2016 年中国吸收外资和引进外资情况如图 5-1 所示。

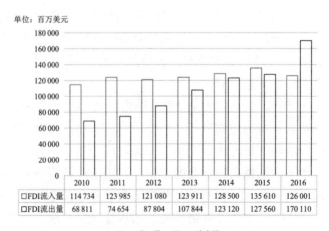

单位:百万美元

	2010	2011	2012	2013	2014	2015	2016
FDI流入量	114 734	123 985	121 080	123 911	128 500	135 610	126 001
FDI流出量	68 811	74 654	87 804	107 844	123 120	127 560	170 110

□ FDI流入量 □ FDI流出量

图 5-1 2010—2016 年中国吸收外资和引进外资情况

中国双向格局的形成主要是因为国内外经济形势的变化。在世界经济持续走低的大背景下，欧美发达国家选择实施"再工业化"战略，随之促使世界资本流动发生"逆向转移"。国内公司迅速崛起后，既注重对外投资，实现重构全球投资规则，又打破了原有的全球价值链，使之碎片化。

（一）世界资本流动发生"逆向转移"

2008 年美国爆发次贷危机，以美国为起点，全世界经济随之陷入低迷，国际经济增长陷入疲软状态，世界经济复苏迟迟难以实现。欧美等发达国家在 2009 年推出"再工业化"战略，即一系列鼓励制造业发展的政策，期望振兴本国经济，缓解社会矛盾。在此战略下，部分国家出于政治、经济双重因素考量，将新兴经济体中的部分生产能力撤回，实现产业转移和逆向流动。

发达国家撤回新兴经济中的生产能力，造就产业逆向流动，带来国际跨国产业的大调整、大变动。有些国家的产业从制造业向服务业转移，将劳动密集型产业向更加低廉的地区转移。在此背景下，中国部分企业抓住时机，调整对外投资步伐，打造"引进来"和"走出去"双向投资路线。

（二）中国对外推进新兴产业

鉴于欧美国家实施"再工业化"战略，打造新兴产业新格局，重点扶持新兴产业，亚洲发达国家也谋求新兴产业发展并予以扶持政策。例如，韩国制定了"绿色产业"促进外国投资战略，将智能电网、LED 等作为重点研究开发项目。为实现这一开发目标，韩国政府出台相应税收减免的激励性政策，鼓励外资推动韩国产业升级。中国部分企业可以以此为发展契机，利用韩国等谋求发展新兴产业的国家，在当地的政策扶持下，发展相应产业，开发国外市场。

中国应抓住时机，在欧美国家以及亚洲一些发达国家实施"再工业化"战略时，积极推进国内企业对外投资，以较低的成本进入国外市场，提高对外直接投资的逆向经济溢出效益。

（三）中国积极参与全球价值链的重塑

次贷危机后，世界经济虽然陷入低迷态势，但是经济全球化仍是经济发展的大趋势，同时也对全球价值链重塑提出了新要求：首先，新的全球经济链替代原有的代表发达经济体的全球价值链；其次，贸易的自由化、资本的流通才是全球经济发展的新格局。

建设利益共享的全球价值链就是不再仅利于小群体，而是旨在构建普惠各方的全球市场，打造促进互利共赢的价值链，搭建国际经济全球化的新沟通桥梁。中国积极承担大国责任，在经济全球化的大背景下，积极参与全球价值链的构建，促进全新的运行制度的建立。中国遵守经济运行新制度，并在制度中充分发挥自己的力量，实现自身的繁荣发展与全球经济链共同发展。

三、加强国家战略投资安排

国际环境中，欧美国家以及亚洲一些发达国家实施"再工业化"战略，实现产业转移逆向流动。我国国内则实施一系列金融改革机制，带来了国际国内利差、互联网金融兴起、市场结构变化等现象，促使资本流向发生变化。国内外变化在一定程度上促进了国家战性略的进一步升级改造，如自由贸易区战略、金砖国家合作等。

（一）加强对外投资与金融和贸易的互动

1.对外投资与引进外资的互动

随着我国对外开放水平的进一步深化，引进外资与对外投资之间的关系应当进一步协调发展。引进外资不仅是促进经济发展、解决劳动力就业问题的途径，还能提升生产效益。因此，应当进一步提升引进外资的质量，注重通过外资引进实现生产效益的提升。

实现协调对外投资和引进外资政策，首先，利用丝绸之路，引导外资向中西部地区投资并开展贸易往来；其次，改革体制以构建引进外资的良好环境；最后，拓宽融资渠道，积极促进本国企业与其他国家大企业的合作，形成融资良好互动，促进我国经济平稳运行。

2.对外投资与金融的互动

金融体系结构为跨境并购提供服务，在将外资的潜在溢出效应转化为生产力方面发挥着重要作用，为国际投资创造良好环境，支持跨国公司，促进中国企业对外投资。

对外投资的高标准、严要求加速了金融产业的升级与发展。金融创新和科技创新是相互影响的关系。金融创新需要科技创新的支持，同样科技创新也需要金融创新的进一步发展。

3. 对外投资与贸易的互动

资源寻求型对外直接投资和市场寻求型对外直接投资两种投资方式直观体现贸易与投资之间趋向一体化，贸易带动投资进行。中国从过去单向引进外资转向引进外资和对外投资双向并行，更有利于跨越贸易壁垒、跨越障碍获得更多资源供给。中国巨大的外汇能力有助于中国的企业跨越贸易壁垒、开辟国外市场，实现对外投资，促进对外贸易，对外贸易再反哺对外投资，总体呈现出螺旋上升式的发展。

（二）协调引进外资和对外投资之间的关系

1. 加快政策与体制建设

中国经济发展新常态时期，中国对外贸易环境发生变化，对外投资环境和国际投资规则的变化促使国内经济正常运行的要求随之提高，因此对外投资管理制度改革仍需进一步完善。必须要建立对外开放全面推进经济发展的体制机制，为实现中国全面对外开放新格局创造条件，建立属于中国的比较优势，实现政策开放化、体制开放化的历史转型。

中国政府牵头与别国签订贸易协定便捷了贸易往来。例如，中国位于北半球，智利则在地球的另一端，隔海相望的地理条件，加之车厘子对运输要求很高，中国百姓在过去想要吃到来自智利的车厘子简直是天方夜谭。但是在中方与智利签订中智自贸协定后，贸易程序简化，来自智利的车厘子在采摘后，最快 40 个小时便可以送到中国百姓的餐桌上。在这个过程中，中国政府和智利政府通过签订自贸协定，便利了双方贸易往来。中国企业抓住政策红利，在智利投资，成为将智利车厘子送到中国百姓手中的"传递者"。不只是智利，来自澳大利亚的龙虾、东南亚的水果、韩国的电子产品等也是这样来到中国消费者身边的。开放性的政策引导促进了我国企业对外投资，国家实现了外贸经济增长，企业得到了收益回报，人民享受到了来自全球的优质商品。

2. 积极参与全球经济治理

当今世界面临百年未有之大变局，经济全球化面临着全球性的挑战，如全球经济增长疲软、发达国家和发展中国家之间日益扩大的发展差距、频繁的地区冲突、恐怖主义和极端主义发起的多种挑战。自第二次世界大战后建立布雷顿森林体系以来，形成了第一代经济全球化体系，包括世界银行、国际货币基金组织、联合国和世界贸易组织，可以说是第一代经济全球化政策。然而，在几十年后的今天，世界各地的反全球化现象和贸易保护主义抬头，向它发起了挑战。

中国是经济全球化的积极参与者和坚定倡导者，同时也是重要的建设者和主要受益者。中国不仅积极构建经济全球化的第一代治理体系，而且在很大程度上参与其中。中国为全球化所做的最重要之举是坚持中国启动全球化进程的改革开放政策。中国于2001年加入世界贸易组织，2021年是中国加入世界贸易组织20周年。20年来，中国的GDP扩大至10倍。中国长期以来一直处于世界前列，成为世界上最大的贸易国和世界第二大经济体。在参与经济全球化的过程中，中国企业不断提高管理水平，加强技术和品牌建设，寻求更广阔的市场和资产，积极推动国内企业快速适应全球经济模式。

中国要积极参与、坚决维护和推动经济全球化的全球经济治理，全面参与全球经济金融规则和标准的调整和制定，积极管理全球经济议程，推动全球治理理念的创新和发展。发展经济要坚持正确的义利观，主动提供必要的国际公共物品，履行国际义务。中国将认真对待环境污染和气候变化，认真履行减排承诺，为全人类的可持续发展作出贡献。

3. 承担国际责任与国际义务

当前国际局势下，由于某些大国只以本国的利益为唯一考量，不愿再承担大国的责任，仅维护本国的利益，使得原本世界经济秩序被打乱，全球治理体系正面临着重大的变革。中国既然是经济全球化的受惠者，如何维护和平稳定的世界局面，争取更多发展空间、更长战略发展机遇期，是摆在我们面前的重大课题。解决这一问题的关键是，我国要以人类命运共同体的思想讲好中国故事，积极参与全球事务。

中国始终牢牢坚持创新、协调、绿色、开放、共享的发展理念，推动中国经济高质量发展。中国的综合国力不断增强，国际地位空前提高，日益接近世界舞台的中心。中国与国际社会的交往日益密切，参与国际事务的程度不断加深，世界对中国的影响也日益增强。主动承担国际责任、履行国际义务，不仅是中国经济可持续发展的需要，也是国际社会对中国的热切期待。

中国在平衡国际金融秩序、推动国际金融秩序改革和完善的过程中，始终保持着负责任的态度。目前，中国已提出成立亚洲基础设施投资银行，为丝绸之路基金的成立捐款，签署成立金砖四国开发银行的协议，并寻求在

G20、金融稳定委员会、国际货币基金组织、世界银行和其他机构和组织中作出自己的贡献。

第二节　中国投资外商的方式解读

一、国际投资理论

国际投资理论主要包括以下四个理论，如图 5-2 所示。

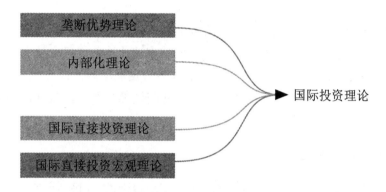

图 5-2　国际投资理论

（一）垄断优势理论

20 世纪 60 年代，美国经济学家海默首次解释了具有垄断优势的国际投资行为，后经过金德尔伯格和约翰逊的补充，成为国际直接投资理论中最早、最有影响力的理论。

与传统的市场完全竞争理论不同，垄断优势理论认为完全竞争是一种理想条件，但在现实生活中，市场条件往往是不完全竞争。如果在过去，公司无法在完全竞争的市场条件下主导市场，生产同一类型商品的所有公司都可以平等地获得生产要素。目前，公司没有必要进行国际直接投资，因为新进入市场存在沉没成本，市场充满了不确定性，这种投资也并不一定会增加收益。海默认为，国家或者国际市场存在不完全性，国际企业在国际市场上具有独特的优势，因此国际企业可以开辟新市场，对海外直接投资，正如美国诸多企业对海外直接投资的行为。后期金德尔伯格和约翰逊等人对该理论进一步加以阐述，形成了最终理论。

　　垄断优势理论强调，"跨国直接投资的形成是以不完全竞争为基本假设前提，以市场不完全为基本条件，以垄断优势为中心"[①]。在众多的优势中，该理论十分强调技术优势。首先，关于工艺技术方面的优势，一旦该技术是企业特有的，企业可以通过申请专利的方式，避免技术被同行应用，维护自己在技术方面长期的优势地位；其次，产品开发技术是跨国企业技术优势中实质的组成部分，产品的异质化能力可以迅速实现该产品与同类产品的区分，打造品牌的优势。这种异质化只需要在产品物质形态方面进行少量调整，通过广告或者其他营销方式告知大众，就可形成本产品的优势。例如，可口可乐的秘方以及可口可乐的广告营销都达到了很好的效果，形成了品牌优势。

　　但是，垄断优势理论无法解释为什么拥有独家技术优势的公司要从外国直接投资中受益，而不是通过直接出口商品或转让技术许可证盈利，同样也无法解释为什么 20 世纪 60 年代后越来越多的发展中国家向发达国家投资，以及为什么物质生产部门要跨国投资，这些问题都是垄断优势理论难以解释清楚的。

（二）内部化理论

　　内部化理论也可以称为市场内部化理论。美国学者科斯曾在其 1937 年发表的论文中提到："当市场不完全时，交易成本上升，企业可以节约市场运行成本。通过公开市场进行交易的成本包括发现相对价格的成本、确定契约双方责权的成本、交易和支付风险的成本以及缴付税款等。"[②] 当企业在内部花费低于市场交易成本时，必然会自己从事某些交易并且形成内部化。

　　内部化理论与垄断优势理论的不同点在于，企业利用内部组织体系以较低成本转移优势，并将该优势视为企业对外直接投资的真正动力。通过直接投资，本国企业降低成本，将技术优势转移到国外，实现利益最大化。海默等人认为，市场的不完全性不仅仅体现在市场方面，中间环节以及中间产品都具有不完全性。为了扩大利益，将中间产品在企业内部完成转让，内部市场代替外部市场交易。理论上，只要内部化成本低于市场交易成本，内部化理论就成立。内部化过程由四个因素之间的关系决定：行业特定因素、区域

[①] 乔桂明：《国际金融学（第三版）》，苏州大学出版社，2017，第 241 页。

[②] 汪少华：《应用投资学导论：证券投资 项目投资 产权投资 创业投资》，经济科学出版社，2004，第 202 页。

因素、国家因素和企业因素。行业特定因素涵盖产品的特性、产品外部市场的竞争结构和规模经济等；区域因素与该区域的地理和社会特征有关；国家因素包括政治环境、经济制度等。一般来说，行业、区域和国家因素是客观因素，而企业因素是企业内部主观可以调控的因素。企业因素只有主要强调具备科学的管理技术和杰出的组织能力，才会促使交易内部成本低于市场外部交易成本，实现内部化理论。

当然市场内部化可以促使跨国公司获得多方利润，通过市场内部将资源交易成本控制在企业内部，建立稳定的供需关系，避免供需关系的不确定性，消除由市场不完全带来的不利影响，谋求最大的经济效益。在市场内部化的过程中，由于将一个完整的外部市场划分成若干个内部市场，因此在市场分割过程中必然存在额外成本，一旦这一成本高于收益，市场内部化就不应作为选择方案。

市场内部化理论是跨国公司理论的一个重要转折点。市场内部化理论在不同程度上涵盖了其他理论，也解释了企业对外直接投资的动机。

（三）国际直接投资理论

国际直接投资理论是从投资输入国可以吸引跨国企业的角度加以研究的。涉及国际投资时，必须考虑投资方的动机和利益，也要考虑投资接收方的区位投资环境。

1966 年，美国哈佛大学教授维农根据美国制成品建立了产品周期三阶段模型，如图 5-3 所示。

在产品周期模型中，针对不同阶段的产品需要考虑的要素条件和成本是不同的。以美国企业为例，在创新阶段，美国企业主要应当面向国内市场安排国内生产；在成熟阶段，企业应当关注标准化生产和商品的异质化生产，以避免直接的价格竞争，同时在此阶段重视成本控制；在标准化阶段，产品已经批量生产，此时开拓国外廉价劳动力资源和低价的原材料资源成为产品竞争的主要因素，产品厂商逐渐将生产向发展中国家转移，追求区位优势。

美国学者约翰逊考察分析了导致国际直接投资的区位因素，主要是劳动成本、市场需求、贸易壁垒和政府政策四大主要因素，这些因素影响对外直接投资。劳动力市场具有不完全性，在标准化阶段的生产加工过程中，企业趋向于将生产活动转移到劳动力丰富的国家。一旦一个国家的市场规模迅速发展扩大，就可以吸引一些企业到当地投资办厂，对投资者来说有利于市场竞争地位的提升。因为一些国家为了发展本国的工业，改善本国的国际收支状况，利用关税和贸易配额限制进口，投资者选择直接投资可以有效避开贸易壁垒。某些国家为了本国的政治目标和经济目标，有时会对投资者实行优惠政策和激励政策，创造有利的投资环境，这也是吸引外国投资者的一大重要因素。

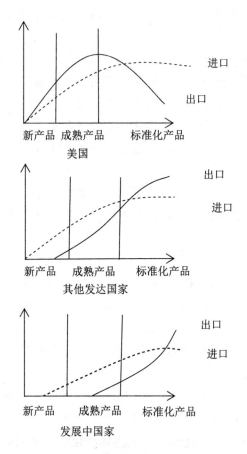

图 5-3　产品周期三阶段模型

该理论为投资企业进行区位－市场选择和国际分工提供了分析的框架，也对发展中国家在制造业部门的下游方向的投资进行了解释。但是该理论未能解释清楚发展中国家之间双向投资的现象，另外该理论适用于初次进行跨国投资，并且涉及最终产品市场的企业，并不适用于全球性跨国公司。

（四）国际直接投资宏观理论

国际直接投资宏观理论主要是以国家为考量对象，通过国际间的优势比较分析国家的经济发展水平，解释国际直接投资行为的原因以及投资行为可

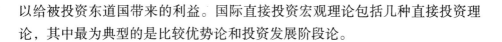
以给被投资东道国带来的利益。国际直接投资宏观理论包括几种直接投资理论，其中最为典型的是比较优势论和投资发展阶段论。

1. 比较优势论

日本的小岛清教授在 20 世纪 70 年代提出了比较优势论，在研究美国的直接投资情况后，从宏观经济角度分析了国际投资产生的原因。美国的对外直接投资主要集中于制造业，美国企业应该按照国际分工原则将产业生产部门建在国内，但是美国大部分企业在国外投资建厂，大量生产产品，带来巨额贸易顺差，导致国际收支高度不平衡。日本采取直接投资的途径，不影响本国产品的出口，同时开辟新的市场，带动本国其他产品的出口贸易。通过美国与日本两个国家的贸易对比可以得知，只有充分利用本国的优势才能带来直接投资的成功，日本的对外直接投资是对日本比较优势的有效补充。

小岛清教授将对外投资主要分为自然资源导向型、劳动力导向型、市场导向型和交叉投资型四种类型。自然资源导向型是指投资国家不具备生产产品的能力，转而向资源丰富的国家直接投资，促进制造品与初级产品生产国家之间的垂直专业分工；劳动力导向型是指投资国家将劳动密集型产业转移到生产力成本较为低廉的国家，建立投资国家的生产基地，增加投资国家和被投资国家之间的贸易往来；市场导向型是投资者面对被投资国家巨大的市场资源，因受到贸易壁垒限制，采取直接在被投资国家投资、生产、销售的方式；交叉投资型是投资国家与被投资国家为发挥各自的比较优势，进行产业内部的直接互相投资。

2. 投资发展阶段论

约翰·邓宁研究了 1973—1978 年间 67 个国家的直接投资流量与人均国民生产总值的关系。邓宁将研究国家分为四组，处于不同发展阶段的国家的经济发展水平对国内企业的产权优势和内部优势以及本国的区域优势的实现具有重大影响。

第一阶段的国家是最贫穷的发展中国家，人均 GNP 不到 400 美元，没有直接的投资流出，这些国家没有所有权优势，因为这些国家的区位优势较少，直接投资流入很少。

第二阶段的国家指人均 GNP 在 400 ～ 2500 美元的发展中国家。这些国家在实施进口替代政策后，基础设施得到改善，区位优势在一定程度上有所增加，带来投资流入增加，但直接投资流出仍然比较少，且投资流出主要集中于邻近国家。

进入第三阶段的国家，人均 GNP 在 2500～3999 美元。这些国家企业所有权优势和内部化能力大大增强，对外直接投资流出大大增加，成为对外投资者，具有较强的国内企业竞争力，外国投资进入者的所有权优势和区位优势较低。

进入第四阶段的国家为人均 GNP 在 4000 美元以上的发达国家，是国际投资的净流出国家，投资流出量超过投资的流入量。处于该阶段的国家的企业具有很强的所有权优势和内部化能力，并且善于发现和利用国外的区位优势。

二、中国双向投资战略路径

（一）提供重要的战略机遇期

中国改革开放 40 多年以来，外商投资的路径已经从最初的外资流入演变为中国的对外直接投资和外商直接投资并行。当前，世界正面临着百年未有之大变局。中国继续保持经济稳定发展，从宏观层面规划对外直接投资和外商直接投资，形成双向投资战略的协调布局。中国始终积极实行国际贸易投资体制，并为我国双向投资战略拓展发展的空间。现阶段中国利用双向投资战略的有利条件，进一步扩大改革开放，提升国际投资贸易标准，为双向投资无缝对接创造有利条件。

（二）提升中国双向投资的政策环境

2008 年美国次贷危机引发国际金融危机后，全球经济发生了翻天覆地的变化。中国在世界上的影响力越来越大，在全球经济体系中的发言权不断提高，在世界经济舞台上发挥着越来越重要的作用。目前，世界各国处于复苏经济的关键时期，世界经济结构调整，全球价值链重组，科技革命加速了全球资源配置。世界经济格局在深刻变化的同时，也为中国双向投资战略提供了发展空间，促使中国国内优化运营环境，提升外商直接投资与对外直接投资的整体质量，扩大投资规模。

（三）加强人民币国际化与双向投资的相关性

随着中国综合国力的不断提高，中国已经成为仅次于美国的世界第二大经济体。中国的影响力也在增加，其在国际经济治理中的地位也变得越来越重要。面对现有的世界经济治理体制中公平性、合法性不足的弊端，特别是在 2008 年国际金融危机后世界经济持续低迷的情况下，世界经济治理体制的不足之处愈发明显，要求变革的呼声也日益高涨。作为一个负责任的大国，中国通过在 G20 和金砖四国峰会等重要国际经济平台上的磋商、共建和交流，提出了全球经济治理的理念，为全球投资政策提供了总体指导，营造开放透明的全球投资环境，促进全球投资可持续发展。

（四）打造双向投资发展的新环境

在经济全球化高度发展的今天，国与国之间的贸易与世界贸易和投资体系紧密相连。双向投资包括资本流入和流出，因此，中国既要开放资本市场，又要保护自己免受资本流动的风险影响。一方面，中国必须加强金融管理，防止金融危机的发生；另一方面，中国必须加强国际货币改革，推动人民币跨境结算，积极推进人民币国际化。国际货币基金组织顺应世界经济发展趋势，通过一系列措施提升中国在经济领域的地位，促进人民币与世界经济密切联系，加强中国宏观金融管理与世界经济治理之间的联系。人民币国际化必然会推动中国国内的金融改革，如汇率机制和利率管理的改革。为规避风险，中国一方面要加快金融体制创新和改革，促进外商直接投资体制健康发展，另一方面要防范全面开放的风险，严格监管监控外债项目和外资的流入与流出，避免汇率波动对实体经济的影响。中国在提高防范风险的同时，实施双向投资战略，促进国内经济平稳安全发展。

（五）双向投资提高资源配置效率

中国一贯奉行高标准、高水平的投资贸易规则，深化投资贸易改革，促进投资贸易自由化，推动投资贸易规则透明化，推进投资贸易监管公平化，旨在构成集法治化、国际化、便利化于一体的营商环境和公平化、统一化、高效化的市场环境。

中国将进一步优化直接投资环境，深化直接投资环境建设，为中国企业走出去投资提供公共服务。政府搭建对外投资合作平台，开展境外经贸合作区的基础设施建设，加大投资支持力度。同时应当强化境外风险防范意识，维护我国境外企业的海外合法权益，为更多企业对外投资创造良好环境。

（六）引进高质量外商直接投资

中国按照高标准、高水平的国际投资贸易规则，积极建设外商直接投资环境；落实有关规划和规定，按照国际投资贸易通则进行制度体系试点建设，促进营商环境和市场环境进一步改善；积极营造更加开放的投资环境、更加优惠的条件、更加完善的法律法规，为外商创造更好的投资环境；努力构建双向投资的无缝对接环境，积累国际贸易投资经验，为中国经济可持续发展添砖加瓦。

第三节　中国企业的海外投资

一、中国跨国企业直接投资

（一）中国跨国企业直接投资

中国经济发展进入更高层次工业化发展阶段，生产要素跨境流动趋向常态化，通过外商直接投资和对外直接投资，实现在全球范围内重新进行资源配置，改变长期以来中国处于工业品加工链底端的现状。配置创新生产要素，改善中国在全球价值链中的分工。中国公司通过外国直接投资与发展中国家和发达国家在各个层面开展合作，消化国内过剩产能，转移相关产业，释放生产要素，通过生产要素的跨境流动，逐步构建符合现代产业结构体系的要素结构，进一步优化我国产业结构。

改革开放 40 多年来，中国实现了腾飞式发展，但中国仍然是新兴发展中国家，仍处于工业化进程中，仍需进一步实现产业结构升级改造，需要与发达国家的先进产业和先进技术合作，吸引高质量外商投资，创造更多就业岗位。另外，外商直接投资必然产生技术外溢效应，中国可以借鉴高质量投资企业的先进管理经验，一方面提升中国企业经营水平，另一方面促进企业自主创新能力的培养，打造中国企业"走出去"的雄厚实力。中国参照高标准的贸易投资规则不断提高在全球价值链中较低的分工地位，促进国内产业结构转型和经济的可持续发展。

受国际金融危机影响，世界各国仍处于金融危机后的调整与发展阶段，国际经济政治形势仍然严峻，虽然总体向和平趋势发展，但局部地区仍存在各种争端与冲突。其中贸易保护主义成为发展新趋势，贸易摩擦屡屡发生。目前我国正处于机遇与挑战并存的临界点，跨国企业在这一时期更需发挥其独特力量，带动中国市场经济在经济全球化中谋求自己的生存与发展。中国产品与中国服务逐渐走出中国大门，面向世界市场，需要适应不断变化发展的国际环境，对竞争激烈的国外市场做出反应。中国企业直接投资国外市场可以绕过关税壁垒，从而发挥自己的独特优势。

中国作为最大的发展中国家，传统产业技术较为成熟，具有丰富的劳动力资源，在加工制造业方面有劳动力价格低廉的优势，但产品核心竞争力不强，未形成自己的品牌优势，因此部分中国品牌往往难以真正走出国门。尽管如此，我国对外投资既面向发展中国家，也面向发达国家。产业升级和技术革新是我国跨国企业进行研究与开发的重点，如华为集团、海尔集团、联想集团等企业加大研究项目投入，促进技术的研究与开发。

中国跨国企业对外投资面临着一定的问题。首先，一般企业投资规模小，抗风险能力较低。其次，结构制度有待改善，区域投资过于集中。例如，在亚洲地区，我国主要对外直接投资地区为韩国与日本。国有企业缺乏对外直接投资的发展战略制定和意识培养。再次，我国企业对外直接贸易缺乏核心技术，并且创新能力较低。现有许多跨国公司将主要经费应用于开拓市场，并未将大量资金投入产品研发。最后，缺乏跨国经营的人才。21 世纪，人才才是贸易市场中宝贵的资源。

谋求中国直接对外投资较快发展，首先，应大力提升对外直接投资的水平，扩大对外投资的规模；其次，目前我国对外直接投资的主体区域不均，主要分布在长三角和珠三角地区，在这些地区做排头兵的同时也要看到中西部地区的对外发展还要进一步推动；最后，提升利用外资的水平，促进高新产业、绿色产业的发展，阻止污染型产业以及"三高一资"的产业进入中国市场，抓住世界经济的高速增长期，抓紧对外投资。

（二）中国跨国企业投资前的准备工作

1. 区位选择

中国对外投资跨国区位选择应当选择发展中国家还是发达国家呢？虽然选择发展中国家作为主要区位选择，技术水平要求不高，生产规模相对较小，进入市场较为容易，但是现阶段仍应当主要以发达国家和地区作为中国主要投资的重点区域。发达国家和地区拥有较大规模市场和成熟的投资环境，适合直接投资办厂。另外，我国现有的技术水平低于发达国家，但是通过我国企业的对外投资可实现产业结构调整与转移，给我国企业的发展创造机会。发达国家和地区仍有大量非技术型产业留给中国企业填补空白，如房地产产业、服务业等。例如，1988 年首都钢铁公司收购美国罗斯塔工程公司 70% 的股权，首都钢铁公司不仅因此获得了技术资源，还打开了海外市场的大门。

2. 市场选择

"国际市场"不是一个地理上的概念，它是一个经济学概念，主要指在世界范围内，各个国家和地区在国际分工的基础上，开展贸易往来的场所和领域。中国跨国企业进行市场选择不是一个简单的市场研究，而是有特定的方法与程序目标。市场研究的主要内容是准确地预测项目产品（项目服务）在生产期内可能达到的产品销售率。对生产性项目来说，市场研究的思路如图 5-4 所示。

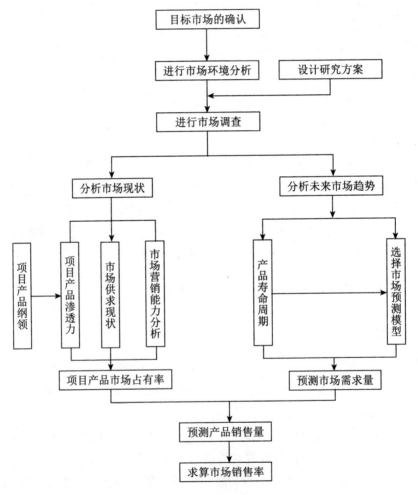

图 5-4 生产性项目市场研究的基本思路

国际市场错综复杂，除了要按照市场研究思路研究市场销售率，还必须从国际市场的特点出发综合考量。参加国际贸易的国家多达 130 多个，不同的国家地理位置、自然环境、经济发展水平和风俗习惯等各不相同；面向不同国家的市场，产品质量、产品性能、产品包装等方面的要求各不相同。国际市场受到经济周期循环及其他因素的影响而发生变化，近年来国际市场上高新产品比重连年上升，技术贸易快速发展。因此市场选择需要从多方面、多角度来考虑。

3. 规模研究

规模研究就是对规模经济的研究。一个企业的生产能力扩大后，生产成本下降，收益随之上升。生产规模的扩大能使企业获得更高的生产效益。在一个企业发展过程中，随着生产能力的提升，一般生产规模会对应经济规模收益递增、规模收益不变、规模收益递减的过程，因此对规模的研究就是找到影响规模的因素，做出相应调整，争取扩大规模经济效益。影响规模的因素如图 5-5 所示。

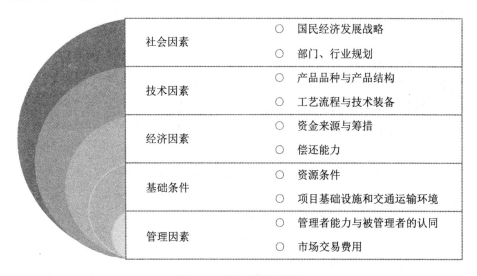

社会因素	○ 国民经济发展战略
	○ 部门、行业规划
技术因素	○ 产品品种与产品结构
	○ 工艺流程与技术装备
经济因素	○ 资金来源与筹措
	○ 偿还能力
基础条件	○ 资源条件
	○ 项目基础设施和交通运输环境
管理因素	○ 管理者能力与被管理者的认同
	○ 市场交易费用

图 5-5　影响规模的因素

中国跨国公司对外直接投资和一体化经营，应在降低生产成本的同时扩大生产规模。另外，在商品生产过程中，无形资产的作用日渐凸显，无形资产（技术、知识和经验等）通过空间的位移、领域的拓展，实现技术、知识和经验与企业的横向联合，提高了规模效益。扩大规模经济的有效方式，就是将生产过程中的产、供、销环节垂直联合，转化为某个企业内部的上下级管理关系。

4.可行性研究

无论是何种投资，在国内或者国外投资都必须进行可行性研究，即在作出投资决策前，就项目相关政治、经济和技术等方面进行综合调查研究，对拟定的各种方案进行预测与评估，确定可能性和可行性，为项目投资最终决策提供可靠依据，为投资工作奠定基础。

可行性研究一般分为四个阶段，分别为机会研究、初步可行性研究、可行性研究和项目评估决策。对于每个阶段的资料占有程度、研究深度和可靠程度都有不同的要求。在研究目标、研究费用和时间花费上，不同阶段也各不相同。最终根据各个阶段的研究，综合确定投资项目是否可行。

二、中国跨国公司的境外投资

跨国公司越来越成为国际投资的主要载体和投资的主要形式，在世界范围内起到的作用日益突出。我国的跨国公司也在逐步扩大规模、增加数量、提高质量。

早在 1983 年联合国跨国公司委员会特别会议上提出跨国公司的概念和特点后，我国政府就开始重视跨国公司投资的建设与培养。截止到 2011 年年底，中国在全球 178 个国家与地区的范围内，直接投资企业达到 1.8 万家，累计金额 3 220 亿美元；到 2012 年 11 月，我国投资境外企业数量为 3 596 家，年累计投资金额为 625 亿美元，同比上年增长 25%；截至 2020 年底，中国已在全球 189 个国家或地区设立了 4.5 万家外商直接投资公司，世界上 80%以上的国家或地区有中国的投资。我国境外跨国公司发展迅猛，但是与发达国家相比仍然有较大差距，我国跨国公司投资发展空间巨大。

中国跨国公司内部优势分为产业优势和竞争优势两种。产业优势主要是源于中国目前已经建立的完备的工业体系，即便中国工业制造水平与发达国家相比仍然有较为明显的差距，但是与其他发展中国家相比，中国的劳动密集型生产技术已经趋向成熟。另外，中国在家用电器、小家电等方面具有一定的优势，有较为完整的产业链和标准化的产品。竞争优势一般是数量上的优势和质量上的优势。数量上是指跨国公司的种类、经营的种类、产品差异性等方面的指标。我国跨国公司涵盖的种类多、涉及领域众多，对我国进一步发展海外投资十分有利。低质量的优势主要是指低廉的原料成本、运输成本这些容易被模仿的比较优势，高质量优势主要是指高级专业人才、内部技术能力等方面的优势。高质量优势越多，对海外投资越有利。

中国跨国公司海外投资主要存在的问题是缺乏核心技术和品牌效应。中国跨国公司大多是在没有核心技术，也尚未形成品牌效应的情况下进行投资的。为了把握海外投资最佳时机，中国跨国企业先一步进行海外投资，进入市场。但是在这种情况下进入海外投资市场无疑是有很高的风险、弱点明显、难以生存的。由于打造品牌效应成本高、周期长，有时候投入与回报不成正比，因此部分企业就会选择低端加工贸易，一旦加工贸易规模扩大，隐患也就越大。

中国跨国公司海外投资必须抓住发展机遇，紧随全球经济复苏的脚步，带动中国企业更好地走向世界市场，越来越多的中国企业将通过海外投资推动中国经济的腾飞与发展。

三、中国企业的境外投资实例分析

（一）中国企业在海外买壳上市

中国企业选择境外投资，促使中国企业走向世界市场。其中买壳上市和直接收购是两种常见的境外投资方式。

买壳上市也被称为反向收购，指非上市公司通过收购上市公司获得上市地位，然后通过反向收购引入自己的业务和资产完成并购。中国企业境外收购上市是指中国企业通过收购境外上市公司，然后注入境内资产和公司，达到上市目的，从而获得境外上市地位。

第一批购买壳牌并在海外上市的中国公司可以追溯到1984年。当时最大的上市电子集团康利投资有限公司遭遇金融危机后，华润集团和中银集团成立新琼企业有限公司，注资4.37亿港元，收购康利投资有限公司67%的股权，并注入新琼企业股份有限公司的资本和业务，使其成为首家中资控股的上市公司。

借壳上市方案的优势有以下几点：首先，借壳上市手续简单，对比直接上市，借壳上市没有过多复杂的上市审批流程，同时节约时间，可以一步到位，避免法律、财务等方面的障碍。为避免原本直接上市必要的耗时长且程序多的"企业清洁"，直接买壳上市更具优势。其次，借壳上市的中国企业可以绕过境外市场对新上市国外企业的审查要求，在短时间内获取海外直接上市的地位。最后，向国外企业注入国内企业资本，能够不断扩大海外上市市场的规模，广泛筹集资金，解决境外投资资金不足的问题，实现我国企业境外经营的迅速发展，是我国资本走向国际资本的一条便捷之路，促进我国企业国际化长足发展。

事实上，在境外借壳上市的实践中，关于壳公司和中介机构的选择、相关收购协议的签订、借壳方的产资估值以及借壳方案中股权分配等都是借壳过程中的重要环节，也是值得一再研究和探讨的问题。在收购过程中，如果国内企业不了解收购市场法规，过度依赖中介机构，中介机构在运行过程中一旦操作不规范，就会影响收购的最终走向。另外，各个国家的政策法规对境外上市审批都十分严格，境内外的监管机制会对借壳上市的走向产生影响。

（二）中国企业在海外投资案例一

有色地调中心以中色地科矿产勘查股份有限公司（简称"中色地科"）为投资平台，在 2009 年 3 月经历股票价格下跌期后，锁定了投资价格，购买了 3 200 万股股票，在后期进行了再投资，并于当年 6 月 26 日完成了所有交付。2009 年起，中色地科成为加纳克公司的最大股东，占公司总股本的 35%，拥有董事会半数以上的表决权，任命公司董事长，重组公司管理层，优先增资公司项目，实现了对公司的实际控制。

有色地调中心实际控制加纳克公司之后，进行了大的战略调整。首先，将不符合公司长期发展规划的墨西哥项目及时转让，获得流动资金。其次，将加纳克公司不熟悉的金刚石项目予以放弃，放弃对坦桑尼亚金刚石项目的选择权。在放弃金刚石项目和不符合公司发展战略的墨西哥项目后，公司将主要的精力、财力、物力集中于潜力巨大的坦桑尼亚金矿项目。这个地区地表已经有高含金量的露头，加纳克公司之前也在该矿打了 12 个钻孔，但是由于运气不佳，12 个钻孔见况不太好，甚至严重影响公司股价。有色地调中心接手后公司重新调整勘探思路，转变找矿思路，半年后公示钻孔见矿结果。消息一经传出，公司股价立马上升 1.4 毛。在第 1 个孔打了 59 米后，股价从 1.4 毛长到 4.7 毛，后来又到了 7 毛多，甚至最后一度疯涨到 6 块多，直接翻了 100 多倍。后期一些投资机构和市场进行了融资，在股价疯涨情况下，融资十分顺利，2010 年 7 月成功融资 2500 万加币，后期又陆续融资 1.2 亿加币。到 2010 年 9 月 3 日，股价已上升至每股 2.9 加元，4 800 万股价约值 1.4 亿加元，历时一年半升值 51 倍，矿产勘察国际化经营取得了巨大成功。2021 年，中国有色金属集团营业收入同比增长 6.6%，总业绩和净利润分别比上年增长 118% 与 79.9%，营业利润率比上年提高 2.82 个百分点，主要经济指标达到历史最好水平，完全超过国资委年度考核指标。

　　王金斌董事长曾经建议，地勘公司利用投资手段参与竞争，就应当将目标放在初级勘察公司上。投资初级勘察公司，前期投资所需资金较少，地勘单位较易承受。另外，地勘公司在地质工作的勘察项目上有相应的勘察技术优势，可以在公司运行过程中发挥自己的技术优势，又能学习先进国际经营理念和管理经验。不把全球化勘察当作项目来应付，而是当作国际化经营活动来准备，在找矿过程中更容易赢得所在国家政府和当地民众的支持。除此之外，在国际化经营战略实施过程中，必须在本国法律和当地法律允许经营范围内实施国际化经营战略，在必要时利用法律武器为自己保驾护航，选择当地优质事务所作为法律顾问，为公司的发展扫清障碍。

　　有色地调中心的付水星副主任在谈到加拿大投资经历时总结道："一个单位在对外投资前必须做足充分调查，了解自身公司定位，明确对外投资目标，明晰自身优势所在，结合自身、结合投资市场、结合当地法律法规确定投资项目。在当前投资过程中，选择本公司适合的投资矿种，如需求较大的铜市场和金市场应当是公司的首选矿种目标。选定目标后，依法按照合同办事，在充分利用融资渠道解决资金问题的同时，保证公司的安全与长远发展。"

　　有色地调中心抓住加纳克公司低价位时期，精准决断，果断控股该加拿大初级勘察公司。有色地调中心投入精力、财力、物力，利用有色地调中心的技术优势，发掘加纳克公司的市场影响力和项目发展潜力，在花费一年半时间后实现二次融资，找矿成果显著，公司资产也大幅增值，实现利益双赢。

（三）中国企业在海外投资案例二

　　2009 年，中国五矿集团实现对澳大利亚第二大锌矿公司 OZ Minerals Limited 的部分资产收购。

　　中国五矿集团曾期待对澳大利亚第二大锌矿公司 OZ Minerals Limited 实现全面要约收购，但澳大利亚政府以国家安全为理由拒绝了全面要约收购的申请。在多次协调磋商后，澳大利亚政府批准了中国五矿集团收购除澳大利亚军事敏感地区外附近的其他矿区。最终在 2009 年 4 月 23 日，澳方政府正式批准中国五矿集团收购澳大利亚第二大锌矿公司 OZ Minerals Limited 大部分资产，包括相关勘探和开发资产，资产收购价为 12.06 亿美元。

　　澳大利亚 OZ Minerals Limited 公司是世界第二大锌公司和澳大利亚第三大矿业公司。它拥有可观的锌、铅、铜、镍、金、银等资源储量。目前，该公司拥有 1 820 万吨锌，相当于中国 2007 年确定的锌资源储量的 18.74%；

260 万吨铅，相当于 2007 年中国铅储量的 6.28%。

中澳双方均以极大的诚意促成了此次收购合作。澳大利亚第二大锌矿公司 OZ Minerals Limited 的董事总经理兼行政总裁安德鲁·米歇尔莫尔（Andrew Michelmore）公开表示，收购项目的完成将有助于该公司的发展：交易完成后，该公司将继续拥有约 5 亿澳元的现金余额，并将拥有核心资产 Prominent Hill 矿区的独立运营权。中国五矿集团总裁周中书于 2009 年 3 月 6 日接受采访时公开表示："中国五矿集团在经历四五年的跟踪调查后，根据中国五矿集团的战略布局，出于谋求双方资源共享，实现中国五矿集团稳定的铜、锌资源的供应的目的，最终诚意十足地达成收购。"

OZ Minerals Limited 公司于 2008 年受大宗商品价格下跌以及澳元贬值的严重影响，在 2008 年税后净亏损多达 23.85 亿澳元。OZ Minerals Limited 公司为还清债务，急于将公司低价售出。中国五矿集团出于公司发展战略考虑，抓住时机，原计划以 26 亿澳元现金收购该公司并偿还 OZ Minerals Limited 公司 11 亿澳元的债务。然而澳大利亚投资审查委员会否决了该项收购计划，强调收购计划中 Prominent Hill 矿区涉及澳大利亚的国防军事禁区，若剥离此处敏感矿区，那么其他资产及相关业务可正常收购。由于 Prominent Hill 矿区是关键资产，中国五矿集团在新的收购方案中，报价减少 10 亿澳元，也不再承担相关债务，并进行其他资产业务的调整。中国五矿集团承诺在澳大利亚成立的公司独立运营所收购资产，管理团队仍以本地人为主导，遵循国际基准价格和市场准则，以此保障 2000 个澳大利亚的就业机会，最终双方达成统一意见。

2009 年 4 月 1 日，中国五矿集团正式公布收购 OZ Minerals Limited 公司后，该公司股价上涨 59%。在墨尔本举行公司年度股东大会的前一天，澳大利亚著名银行麦格理集团提交 14 亿美元的资金重组方案。所幸，在第二天的公司年度股东大会上，全体股东投票表决环节仍是以压倒性的结果通过了中国五矿集团收购公司主要资产的方案。

中国五矿集团能最终收购 OZ Minerals Limited 公司，离不开反应迅速的市场化运营及敏捷的应对方式。在澳大利亚投资审查委员会就敏感资产提出不通过收购方案后，中国五矿集团迅速做出反应，将敏感资产从收购名单中迅速剔除，减少收购阻力。遭遇澳方因国家安全因素否决中国五矿集团的全面要约收购计划后，中国五矿集团迅速做出评估，调整收购筹码，仅仅 5 天后，中国五矿集团公布新一轮修改方案。在资本市场发生变化，出现竞争对手影响收购进程时，中国五矿集团增添了新的收购砝码，最终实现成功收购。中国五矿集团积极应对，重视谈判技巧，把握时机，强化企业公关能力，塑造优质企业形象，减少各方阻力，在面对收购过程中的种种问题时积极做出调整，充分发挥国际中介机构在海外并购当中的实际作用，降低收购的风险，遵循国际基准价格和市场准则、保障当地就业等基本承诺也是促进收购成功必不可少的条件。

（四）中国企业在海外投资案例三

中国有色矿业集团曾以一步之差错失澳大利亚的稀土公司收购项目。

2008 年，美国次贷危机引发的金融危机逐渐影响全球经济。澳大利亚矿业由于极度依赖外部需求，受国际环境影响遭受巨大冲击。值此之际，澳大利亚许多矿业公司由于资金链断裂缺乏流动资金，急于寻求"拯救者"。澳大利亚莱纳股份有限公司也如其他矿业公司一样，向中国有色矿业集团寻求帮助。

中国有色矿业集团成立于 1983 年 4 月，原名为中国有色金属工业对外工程公司，由有色金属工业局对其进行统一管理，2005 年正式更名为中国有色矿业集团。1998 年，中国有色矿业集团通过国际招标购买了赞比亚谦比希铜矿 85% 的股权，在获得赞比亚 41 平方千米地表面积的使用权和 85 平方千米地下采矿权后，于 2000 年开始建设。谦比希铜矿于 2003 年正式投产，每年可生产 5 万吨铜精矿。目前，它仍然是中国最大的在海外投资的有色金属工矿企业。2009 年，中国有色矿业集团收购了赞比亚的卢安夏铜矿、澳大利亚的特拉明矿业公司、英国的恰拉特黄金公司，2010 年收购了英国科瑞索公司。至此，中国有色金属矿业集团已成为在中国以外开发有色金属资源最多的公司之一。

中国有色矿业集团实力雄厚，海外收购经验丰富。但是由于澳大利亚政府开始关注中国国有企业的投资是否影响本国国土安全及资源安全，对中国国企在澳投资设限。中国有色矿业集团与澳大利亚莱纳股份有限公司在向澳大利亚政府提交收购审批时，澳方政府不断提出新的设限条件，中国有色矿业集团几经修改交易条件。2008 年 9 月 24 日，澳大利亚莱纳股份有限公司发布公告，宣称中国有色矿业集团中止与莱纳股份有限公司的交易。

促使中国有色矿业集团放弃该次交易的主要原因是，澳大利亚政府要求中国有色矿业集团降低持股 49%，并减少中方管理人员在董事会中的代表人数至半数以下。在中国有色矿业集团宣称放弃交易的当天，澳大利亚莱纳股份有限公司股价升至每股 0.9 澳元，若中国有色矿业集团愿意降低持股至 49%，达成最终交易，当天账面即可盈利将近 5 亿澳元，甚至在 2010 年 11

月 9 日，澳大利亚莱纳股份有限公司的股价更是上升至每股 1.34 澳元。

中国有色矿业集团之所以放弃交易，主要是因为中国矿业有色集团像其他国有企业对被收购公司的控制权的追求一样，希望在收购公司后拥有对企业的绝对控制权。但是此种收购策略的代价往往相当昂贵。追求绝对的控股权，不但会让对方国家产生猜忌，难以通过收购计划，而且让国有企业的收购成本也迅速上升。资源型企业收购可以通过长期协议和贷款，通过获取包销权实现保障资源的供应选择，这样也可以打消被收购公司所在国家政府的猜忌和疑虑，降低投资成本。

第六章　国际贸易融资分析

第一节　国际贸易融资中的企业价值链分析

哈佛商学院的迈克尔·波特教授介绍了企业价值链的概念。在分离、独立和特定的活动中，公司通过自身的竞争优势创造价值，这种竞争优势可以称为价值活动。这些价值活动贯穿于从原材料采购到最终产品消费的整个过程，形成了公司的价值链。

国际贸易融资价值链主要包括两类：第一，银行及其上下游（供货商、出口商、销售商等）构成一个整体，它们之间存在利益需求；第二，银行内部在推行融资产品过程中，需要相互之间达成配合。在供货商—出口商—进口商—销售商这条价值链条上，一旦有任何一个环节出现资金缺口，就需要凭借信用（包括商业信用和银行信用）由商业机构或者银行担保，银行或者其他地方向其提供资金。融资价值链构成商业银行的融资市场，实现了风险规避，促进了产品的进一步研发。

一、贸易融资链的可行性

在企业价值链内部价值活动中，原材料供应、产品开发、生产运行被称为上游环节，成品储运、市场运营和售后服务被称为下游环节。上游环节中心内容是产品生产，与产品的技术性密切相连；下游环节的重心是满足顾客需求。价值链内部相互联系，构成一个系统的价值活动，通过协调价值活动之间的内在联系，实现最优化，带来竞争优势。企业总是在价值链的某些环节拥有优势，不可能每个环节都具备优势。企业之间凭借各自价值链的优势环节展开合作，实现共赢，达成整体效益最大化。企业之间建立战略联盟，基于业务外包互补、紧密联系而采取供应链战略。

接下来举例说明供应链的运转流程。假设 A 企业为原料供应商，B 企业为制造商,C企业是批发商,D企业是零售商。其中B企业是行业的龙头企业。假设B企业向A企业买生产原料,由于B企业是行业核心企业,所以要求A企业赊销,A企业出于绝对相信B企业能付款,所以A企业同意赊销形成应收账款。同时,A企业在备货过程中需要垫资,资金流动性受到较大影响。这个时候通过可靠保理商,金融机构可以通过购买债权的方式向A企业支付现金,从而解决A企业的资金流动性问题。B企业的信用至关重要,因为B企业的信用直接关系到应收账款坏账率。但是因为B企业是核心龙头企业,所以保理商对A企业的资质要求会比直接发放贷款低得多。C企业向B企业购买产成品,由于B企业处于强势地位,所以B企业不准备向C企业赊销。在C企业的商业信用不足的情况下,C企业有以下几种解决办法:开信用证、开承兑汇票、直接付钱、贷款付钱。排除直接付钱不说,另外三种方式都需要C企业有足够的授信,而对于普通的企业来说,授信是非常宝贵的。这时候银行出于了解B企业是行业的龙头企业、B企业的授信充足以及B企业对C企业相互信任的合作关系,通过占用B企业银行授信的方式,向C企业发放买方融资用于支付B企业的货款。最后D企业与C企业完成交易。在这一过程中,B企业的存在加速了上下游的现金流转速度,而且对于银行来说,调查成本与风险都有显著的降低。

由上述例子可知,现代贸易价值链和现代贸易供应链之间,存在以共享机制为基础的信用链。上下游企业通过信誉相连,实现企业间的信誉共建与共享,这时处于链条上的每个企业都处于同等水平。链条上的企业通过分工提升企业资产的专用程度,构成密切协作的经济技术共生模式。价值链的稳定、供应链的稳定、信用链的稳定共同决定了厂商的价值。

分工的专业化发展促进生产实现技术进步、生产方式的调整;厂商价值由价值链和供应链的稳定与信用链的稳定共同决定,贸易融资链的可行、信用链与分工演进存在着必然的联系。

二、信用链与贸易融资链

著名经济学家克里斯托弗指出,市场上只有供应链,公司不存在。真正的竞争不是公司之间的竞争,而是供应链之间的竞争。供应链的核心公司和许多中小型企业准备通过合作和协同运营,实现成本最小化,并使供应链系统的附加值最大化。稳定的贸易融资链主要是通过稳定的信用链来体现的。

在公司之间引入先进的共生机制后,大小公司将实现互利互惠,共同创造新的共同利益。在中小企业融资过程中,处于信用链前列的大企业将中小企业的声誉提升到与大企业相近的水平。这一过程产生的成本是监测中小企业财务信息质量的基本费用。大公司愿意支付这些监测费用，是因为它们在分包制中对中小企业的依赖和信誉建立后的"乘数效应"期望与融资链外企业相互影响，可以提高融资链的边际声誉。相反，假如中小企业想提高自身的信誉，就必须在价值链和供应链上加强与大企业的合作。一旦中小企业发生违规行为，它将不可避免地遭受声誉机制的反噬。

一旦公司缺乏营运资金，由于担保不足、信息不对称等，中小企业将无法在银行募集资金。此时，由于融资链中大企业的信誉较高，可以促使银行降低融资门槛。然而，该模式存在固有缺陷，即它会增强周期性波动，带来更多运行的风险。在经济上升时期，贸易融资链将帮助企业更容易获得融资，扩大投资范围。这样，企业的投资行为就会导致非理性的盲目扩张。然而，在经济放缓时期，这会直接导致企业经营困难和盈利能力下降，导致单个企业的资本链断裂，直接影响整个贸易融资链，从而影响区域或行业融资的稳定运行。

三、贸易融资链发展阶段

贸易融资供应链随着互联网、物联网和大数据等的不断发展，目前已发展至 3.0 阶段。

贸易融资供应链 1.0 侧重于基于"物"的要素，以及基于核心公司的线下模式"1+n"。换言之，中小企业的融资类型基于核心企业和供应链上下游交易。融资方式可分为债务融资和应收账款保理融资；主要交易有静态抵押和质押、动态抵押和质押、股票订单质押等。贸易融资供应链 1.0 以货物为预付款基础，开展预付款融资、确认仓库等业务。

贸易融资供应链 2.0 基于与核心公司直接系统连接的在线模式"1+n"。资本方、服务方、核心公司和上下游公司的在线融资将加强上下游供应链之间的联系。贸易融资供应链 2.0 强调供应链流程中"物"的状态，而不是绝对的"物"，即通过捕获供应链中的交易结构和操作，更好地评估资本需求和潜在风险，以支持供应链的融资决策。

在贸易融资供应链 3.0 阶段，基于云计算和大数据形成了"$m+1+n$"模型，可以通过更高效、多维的数据访问作出更精确的决策，补充供应链的真实流动性状况。贸易融资供应链 3.0 阶段中，供应链金融服务提供商的角色被提升到更高的水平。通过构建高效的互联平台，组织和连接不同的股权参与方、物流服务提供商和核心业务链，将供应链中的多方信息连接起来，形成一个动态的供应链整体。不同产业供应链的特点相结合，形成了一个集大数据核心公司、产业链前后数据和多维风险控制数据结构于一体的供应链财务动态融资模型。

全球贸易形势的变化及其快速增长使贸易融资产品和服务具有一体化和灵活性的特点。随着商业金融业务的发展，融资不再局限于单一业务。商业金融服务越来越多地与银行票据、商业票据、应收和预付账款、货权单据等实体经济活动所产生的具有较强变现能力的流动资产相结合。全球供应链已经取代简单贸易成为主流商业模式，越来越多的中小企业因为供应链中产生的债权与物权之间的关系而接受银行融资服务。金融服务在贸易中的深度渗透趋势十分明显。

企业需求的多样化导致了贸易融资产品和服务的多样化和适应性。客户需求的多样化使得单一产品难以满足客户的总体需求。商业金融服务的发展方向是根据客户需求的特点，为客户调整结构化产品金融服务系统。与此同时，产品服务的范围正在逐步扩大，从提供资产管理和融资服务，到提供信用担保、资产维护和风险防范等多元化服务，财务管理和咨询贯穿于客户获取、生产和分销的整个产业链。

互联网等信息技术的迅速传播导致了贸易融资的扩张，并限制了贸易融资的持续创新和扩张。一方面，互联网技术支持商业融资过程中可靠信息的全面收集和情景分析，包括交易、融资、结算、存款、存储和物流等信息，同时互联网技术支持信贷技术和产品服务的创新；另一方面，互联网技术的深化和网上商务的深入发展，将开辟金融机构的国内国外、线上线下服务渠道，实现金融服务与业务需求的无缝对接。

第二节　国际贸易融资传统模式

国际贸易融资传统模式主要包括以下四个模式，如图 6-1 所示。

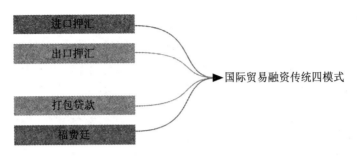

图 6-1　国际贸易融资传统四模式

一、进口押汇

进口押汇是指企业向银行提供信用证和代收款项下的单据后，银行可以向进口商提供短期的资金通融。

企业向银行提交相应信用证单据后，一旦企业面临临时的资金短缺，难以向银行按时缴纳全额资金，可以向银行提出申请，获得批准后将由银行代为垫付相关款项给国外银行或者出口商银行。在这一过程中，银行保留追索权和货权质押，并且企业需在规定时限内偿还银行贷款及相关利息。

进口押汇主要面向规模较小、资金时常周转困难的进口企业。进口押汇通过办理进口开证、进口代收做进口押汇，本质是利用银行的信用和资金进行商品进口和国内销售。进口押汇也可实现企业优化资金管理的功能，一旦企业有较好的投资机会，就可以使用进口押汇，一方面保证商品的正常运转、转售，另一方面可以用流动的资金赚取投资收益，实现获益最大化。

进口单证票据包括三种类型：单证信用证、单证承兑远期信用证和远期银行汇票贴现。其中包括信用证单据的跟单发票、信用证单据，以质押方式向银行获取短期贷款。使用信用证承兑的收据发票是指进口商使用信用证承兑对账单向银行提供的短期贷款。使用银行承兑汇票贴现是指进口商收到一个不可承兑的银行账户作为抵押品，实现利益最大化。

二、出口押汇

出口押汇是指出口商在发货时向银行提交信用证或其他合同要求的单证后，银行还提供相应的出口单证作为抵押品的金融交易。根据公司的要求，银行将审查公司作为质押提交的所有文件。验证正确后，银行必须向公司提供与票面价值相对应的金额，并向开证行提供外汇单据。同时，银行向公司收取收据利息和短期出口融资业务追索权。

与进口单证票据相比，出口单证票据可以进一步规避汇率风险，提高资本收益。出口商必须在收到进口商的付款之前提前偿还出口证明。通过增加现金流和改善资本状况，出口商还可以选择不同利率的融资方式来降低风险。出口单证票据主要包括出口收债单证票据和出口信用证单证票据。出口债务凭证票据主要是指当公司接受债务催收作为记账方式时，债务催收凭证被用作短期记账凭证。融资证明、出口信用证文件与信用证相关文件一并提交，短期融资需申请银行验证后方可实现。

一旦公司接受信用证作为结算方式，它将提供进口银行批准的货物，并将押金转交给银行。公司可以质押未来货运权以发行信用证。这种融资方式通常使用较少的资本金来扩大采购规模。

其中，留置权主要包括货物的静态留置权和动态留置权，前者在留置期间不发生变化，后者在留置期间发生变化。

货权质押有三个主要特征：

首先，融资的核心是物权控制。开证行、物流公司和进口商之间签署三方协议。物流公司必须履行相应的货物收集和清关手续，并签署参展商的出仓单。出仓单本质上是一种法律文本。从法律上讲，货物的所有权属于开证行。因此，开证行承兑和押汇融资有了适当的资产担保。

其次，资金流、物流和信息流相互关联并制约。在融资过程中，开证行首先控制货权，将其交给进口公司寻找买方，并获得部分资金。在收到付款后，开证行向货物检验局发出放行指令。进口商提到货物后，资金流转回企业。

最后，自我清算融资模式。开证行将进口货物作为抵押品，在担保不足的情况下为公司融资提供便利。质押不仅是进口货物的还款来源，也是公司的融资来源。

货权质押融资在创造收益、带来融资便利的同时暗藏风险。我国经济金融相关法规尚不完善，有可能会使潜在的风险进一步扩大。其优点在于企业先于进口货物发运获得银行资金支持，客观上使进口企业在对外贸易中拥有一定的价格优势，但这一优势也是风险聚集点。

举例说明。国内的 A 公司拓展其贸易范围，从过去仅经营国内贸易到开展出口贸易，A 公司将货物出口到印度尼西亚的 B 公司。A 公司考虑到与 B 公司是初次合作，并且市场风险较高，在咨询了国内的合作银行 C 银行后，选择了信用证方式进行结算并选择 C 银行对信用证加保。B 公司通过印度尼西亚的 D 银行开出了期限为 90 天的远期信用证，通过 C 银行加保并通知 A 公司。A 公司根据信用证条款要求备货发货后，将相关单据提交给 C

银行。C 银行审查单据相符后，将单据寄至开证银行 D 银行，D 银行在规定的工作日内发出承兑电文。基于 D 银行的承兑，A 公司向 C 银行提出了信用证押汇的申请，C 银行在核实 D 银行的信用额度充裕后，按照协商利率为 A 公司办理了融资。

三、打包贷款

打包贷款是指出口企业在收到银行开具的相关信用证后作为还款凭证向银行申请短期融资的业务。因为主要凭借信用证抵押货款，此种融资方式也被称为信用证抵押货款。如果出口商收到与信用证有关的货物且资金短缺，他将使用信用证作为抵押品，向银行申请资本贷款，以缓解货物进一步加工、运输和装运中的资本问题，有效减少资金占用，提高出口企业资金使用效率。与其他国际贸易融资方式相比，统一利率贷款的条件更加严格。

四、福费廷

福费廷，源于英文单词 forfeiting，本来是"放弃"之意，国内也将这种方式称为包买票据业务。福费廷是指银行从出口商手中无追索权地买断开证银行承兑的远期汇票或单据从而为出口商提供融资业务。福费廷是出口商承兑、进口商担保的远期业务，是票据融资。融资银行应信用证开证银行承兑的远期汇票提供票据贴现，出口商资金立刻回笼，使出口商获得融资的同时也消除了汇率和利率变动带来的潜在风险。

福费廷立即办理出口核销手续和办理退税的业务提升了企业资产负债表质量，减少了企业应收账款数量，增加了现金流。出口商应将其最初承担的信用、汇率和国家风险转移给分包商。

福费廷的具体流程如图 6-2 所示。

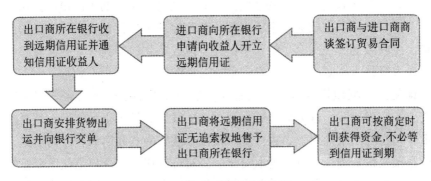

图 6-2 福费廷主要操作流程

149

举例说明。A 公司为出口公司，出口小家电给美国的进口商 B 公司，所在银行也就是开证银行是 C 银行。B 公司找了 D 银行开具 90 天的远期信用证，C 银行做议付行（议付 5000 美元）。A 公司拿到信用证之后在 C 银行办理福费廷业务（福费廷手续费 1 万美元），在 C 银行核对无误后接单，并通知 D 银行"这个活我接了"。D 银行确认通知，并于一周后给 C 银行发了承兑电文，承兑金额是 300 万美元，付款日期为 85 天以后。C 银行出于安全考虑决定由 E 银行来共同分担风险，E 银行选择直接专卖。由 E 银行报价年化利率 5%，C 银行加价 1%，向 A 公司报价年化利率 6%，预计 5 天后到账，周期 80 天。C、D、E 三个银行互相确认。5 天后，C 银行如期收到来自 E 银行的到账支付福费廷款项 300×（1−5%×80/365）=296.7 万美元；随即 C 银行如约支付给 A 公司 300 万（1−5%×80/365）−1 万 −5000=294.5 万美元。最终 A 公司实际到账 294.5 万美元，C 银行收入 2.2 万美元，E 银行收入 3.3 万美元，完成交易。

第三节　国际贸易融资新进展

一、出口应收账款池融资

出口应收账款池融资，是指银行受让国际贸易出口商（客户）向国外进口商销售商品形成的应收账款，并且在所受让的应收账款能够保持稳定余额的情况下，结合出口商主体资质、经营情况、抗风险能力和应收账款质量等因素，以应收账款的回款为风险保障措施，向出口商提供融资的短期出口融资业务。

出口应收账款池融资方式非常适合有长期稳定买家的小微出口公司，它们经常出口商品，应收账款余额保持相对稳定。出口公司将少量的连续多个和单个应收款捆绑在一个"池"中，并将应收账款池作为一个整体转移给银行。该银行将为小微出口企业提供必要的融资。

即使是小额债权也可以在没有其他抵押担保的情况下汇聚成"池"申请资金，实现融资。这为大多数小微企业的发展提供了很大帮助。只要应收账款保持在一定余额以上，企业就可以以一站式融资和简单程序的形式，分期或在授权信贷额度内分次提取贷款。公司可以在出口账户上使用专业的债务管理服务，准确捕获情况并节省相关管理成本。它还可以帮助企业收回债务，加快资本流动，以利用更多的商业机会。

风控是当下制约业务发展的主要难点。风控这一难点具体分为两个问题：一是提高风控效果的难题，二是风控的成本与效果难以两全的难题。由于难以提高风险控制的影响，不完善的管理报表和不规范的报表使得融资提供者难以依靠小微企业提供的信息（信息不对称）进行良好的评估。为了更好地评估小微企业的信用水平，融资提供者必须改进信息的广度、信息的丰富性和借贷算法。过去，它必须在人工信息收集和风险评估方面投入更多的人力和成本来加以改进，这将增加风险控制的成本。风险控制的效果和成本之间的关系是一个"摇杆"，很难平衡风险控制的成本和效果（手动信用估值模型没有规模经济）。为了解决风险控制的成本和效果难以平衡的问题，需要在信息捕获和业务开发模式上转向自动化。

要提升小微企业出口应收账款池融资的风控效果，需要提升风控信息的广度、提升风控信息的丰富度、完善授信算法；要控制风控环节的成本，需要提高自动化程度。而这些问题的解决途径同样也是不同模式对难题的缓解效果的衡量方式。

举例说明。A公司年销售规模15亿元。目前，国内和出口销售额的比例为3：7。其出口销售采用的计费方式包括信用证、托收和信用转账。A公司有50多个销售客户，国内外赊销账期30～90天，单笔发票金额为10万～480万元不等。A公司日常融资主要为贸易融资，如信用证单证发票和出口发票融资。客户的销售结构决定了它的应收账款管理工作量很大，财务人员经常加班。此外，A公司必须每天在A公司和银行之间办理不同的融资手续。融资往往无法及时支付，影响A公司及时对外支付。

解决方案：银行选择客户25家销售对象的应收账款作为债务人池，并为其提供5000万元的融资款项。提款方式为一年期流动资金贷款。公司将出口信贷、债务催收和国内外信贷销售产生的应收账款转移至银行。银行将根据转账金额向客户提供扣除后的相应融资金额。应收账款返还后，将进入现金池保证金账户。客户将应收账款转账给银行，银行将相应的现金金额从保证金账户转账给客户使用。

影响：银行为客户提供一年稳定的信贷资金供应，不影响客户应收账款的使用；客户只需办理1～2笔融资手续，通常会在正常提交的处置文件中附上相应的贷记转账清单，这大大减少了结算多笔短期融资业务的手续；同时，银行为应收账款池中的应收账款提供管理和收款服务，定期向客户提供对账单，并积极将需要转账的存款转入客户账户供其使用。

二、出口减税池融资

出口税收减免是银行、商务部和税务机关针对中小企业融资困难共同推出的一种新型融资产品。在出口公司中，应提取但不提取的出口税被累积在一个"池"中，这些出口税减免是对银行抵押贷款征收的，以换取短期融资。财务、海关、税务等方面资产负债表良好的公司可以获得资金，最高资金额可以达到可退还税款折扣金额的 90%。

中国推出这项业务的首家银行是深圳发展银行。近年来，中国建设银行推出了"出口减税池融资"（又称"融税通"）业务，也解决了中小企业的融资问题。当出口公司在中国建设银行开立了唯一的退税专用账户后，中国建设银行承诺以账户上的税收优惠作为还款担保，为资产负债表和表外贸易融资提供一系列全面的信贷金融服务，包括信用证开立、打包贷款、出口税收优惠账户保留贷款等。根据出口公司的需要，出口公司的融资金额最高可达可退税金额的 90%。根据企业出口税收优惠申报流程，中国建设银行根据企业出口退税款四个时间节点推出四种"融税通"模式。

出口减税池融资降低了企业的融资成本，有效解决了中小企业资产低、信贷水平低、难以提供有效担保的问题。与此同时，恢复了该公司的出口减税基金。当中小企业出口退税滞后时，往往存在一定的出口资源短缺。出口减税池的融资包括这部分债权，作为对银行贷款的抵押，以恢复公司提前要求的出口减税资金，并为中小型出口商提供拓展新业务领域的机会。

三、顺向贸易链融资模式

顺向贸易链融资模式是指企业在进口环节，开出具有可控货权的信用证，银行依照信用证付款期限以及国内赊销期的匹配情况，在适当时间发放融资款，帮助企业完成对外支付的一种组合型国际贸易融资模式。银行可在顺向贸易链融资模式下，通过国内保理、国内信用证等产品为贸易链下游买家提供融资。顺向贸易链融资模式主要由银行进入企业与国内买方的赊销关系，在买方和企业之间搭建信用桥梁，给企业向国内买方赊销创造条件，能够进一步推动销售规模扩大，实现在整个流程中妥善利用信用融资支持，用小资金支撑起大业务。顺向贸易链融资模式的两种组合方式如图 6-3 所示。

（1）开立可控货权信用证。

（2）货到后由第三方物流代为通关并监管货物。

（3）银行指示监管方向，下游经销商交付货物。

（4）经销商确认应付账款。

（5）进口商将应收账款债权转让给银行。

（6）银行通过国内保理支付信用证款项。

（7）经销商到期付款偿还保理融资款。

（1）银行为客户开立可控货权信用证。

（2）货到后由第三方物流代为通关并监管货物。

（3）为下游买方开出国内信用证。

（4）监管方按国内信用证要求制作单据交单。

（5）国内信用证到期付款，偿付进口信用证支付或融资。

图 6-3　顺向贸易链融资模式下两种组合方式

四、逆向贸易链融资模式

逆向贸易链融资模式也是一种组合融资模式，即将货物作为进口商采购项目的一部分，国内买方将接管信用证担保或发票交易，以确保进口公司不出具信用证和融资证明。融资到期后，国内买方必须偿还所有融资资金。逆向贸易链融资为进口公司提供融资。同时，在公司进口之前，国内下游买家发行的信用工具确保了买家在交易过程中在中国境内的付款信用。逆向贸易链融资模式的两种组合方式如图 6-4 所示。

（1）银行为下游买方开立国内信用证。

（2）以国内信用证为保障开立可控货权进口信用证。

（3）进口信用证项下单据到达后由监管方代为报关报检。

（4）货物交付下游买方，进口商在国内信用证下交单向下游买方收取货款。

（5）国内信用证到期，收得款项用于偿还进口信用证付款与融资。

（1）下游买方开立进口商为收款人的商业承兑汇票。

（2）办妥商业承兑汇票质押手续

（3）开立可控货权进口信用证。

（4）信用证项下单据到达后由监管方代为报关报检并交付下游买方。

（5）办理商票托收，收得款项用于偿付进口信用证付款或融资。

图 6-4　逆向贸易链融资模式下两种组合方式

五、国际保理

保理业务起源于 17—18 世纪英国与美洲殖民地之间的贸易往来，保理商作为商业代理商，在贸易往来中起到中介服务的作用。在欧洲国家殖民统治北美期间，欧洲的出口商因地域差异、交通和通信业不发达，对北美市场供需及客户资信不了解，为了及时供货，出口商就希望在当地建立一些代理关系来帮助他们出口销售，所以出口商就雇佣一些当地代理商负责仓储、销售和收款，代理商从出口商那里收取一定佣金及服务费用。随着经济的发展，运输和通信业迅速崛起，出口商可以不再依赖代理商，也就是保理商，进行货物销售和市场营销，而由于保理商具备多年代理商的经验，熟悉当地商业环境，可以帮助出口商（卖方）对买方进行信用评估，因此保理商充当了对买家资信进行审查以及对卖家提供融资的角色，由此诞生了现代保理业务。

（一）国际保理在中国的发展和崛起

近年来，随着经济的发展和国际贸易的不断扩大，保理已被越来越多的国家认可为服务出口商的有效工具。20 世纪，保理业在英国、美国、法国和日本等发达国家普遍发展起来，同时一些发展中国家也相继成立了保理公司，为自己的进出口贸易提供服务。保理行业从一般的国内贸易延伸到了单个行业，又延伸到了国际贸易、金融和其他行业。

在 20 世纪 80 年代末，保理业务作为国际贸易结算新工具被引入中国。最开始，金融监管部门将保理定性为金融业务，只能由银行开展。直到 2012 年，商业保理公司才在中国得到认可和发展。银行保理业务在 2002 年中国加入 WTO 之后迅速发展起来，而商业保理业务在 2012 年以后才进入发展期。2020 年，世界保理业务发展迅速，其中中国占据着世界保理市场中最多的份额，如图 6-5 所示。

截至 2020 年，中国保持着全球最大的保理市场地位。2020 年中国大陆保理业务量为 433.162 百万欧元（其中国际保理为 43.316 百万欧元），同比增长 7.3%，约占全球保理业务量的 19%，排名第一。即使 2020 年受疫情影响，中国大陆保理市场仍然实现了稳定的正增长，体现了保理业务逆周期性的特点。

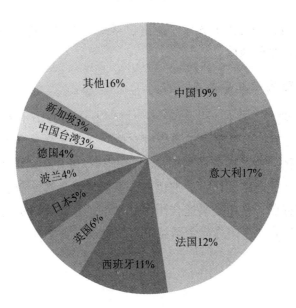

图 6-5 2020 年世界保理业务量占比图

（二）保理业务目前面临的主要问题

在公司层面，我国商业保理公司自 2012 年国家开放试点后才陆续成立，大多数商业保理公司成立时间短，业务开展和企业经营稳定性较差，资源整合能力不足，除了国企、央企和有行业龙头背景的保理公司外，一般保理公司很难获得银行信贷支持，自有资金和现金流少，导致大多数保理公司存在融资难、融资贵的问题，很难开展业务。

在风险管理层面，很多保理公司在保理业务中只作为资金方参与其中的一个环节，对基础资产及实际交易缺乏管控，同时在风控管理制度设置上不完善，风险管理水平参差不齐，缺少信息渠道，无法切实做到对核心企业以及上下游客户的充分调查，操作风险难以规避。近年来不少保理公司无法收回到期应收账款，致使后续资金短缺，经营困难。

在政策层面，2020 年 5 月 28 日通过的《民法典》，将保理合同列为新增典型合同。在此之前，我国并没有关于保理方面的专门法律条款。但是《民法典》中保理合同章的内容只规定了保理合同的最基本内容和保理业务的基本规范架构，难以形成法律与实践的互动。另外，受制于外汇政策等因素，很多保理公司难以开展国际保理业务。

在国际信审层面，国际保理业务由于牵涉海外的交易对手，信用风险调查有一定的难度，语言沟通与时差需要克服，交易币别也充满多样化，可能会牵涉汇率风险，因此需要人才、制度、系统与丰富的管理经验，只有这样才能控制这个产品的风险。

（三）国际保理业务未来展望

从国际实践看，保理被业内称为"最适合成长型中小企业的贸易融资解决方案"。我国是世界第一大货物贸易国，并且在贸易结算（包含出口与进口）中，赊销比例已经上升到 70% 以上，信用证比例已下降到 20% 以下，开展国际保理业务的空间巨大，这也是未来的发展趋势。商业保理具有逆周期、低风险的特点，是未来最适合国内外中小企业解决融资问题以及增加国内中小企业出口业务与提高其全球竞争力的有效融资工具。

第七章　中国对外贸易的发展趋势

第一节　中国对外贸易体制的发展与改革

一、中国对外贸易体制的发展

（一）中国对外贸易体制发展的历程

1. 建立集中对外贸易管理体制

中华人民共和国成立后，确立对外贸易管理体制，实行进行保护贸易的政策，以谋求本国经济的快速恢复与发展。中国政府建立了集中统一的对外贸易管理体制，并颁布了一系列管理全国对外贸易的法令与法规，制定了具体的法规实施办法，确立监督部门实行有效监督。

1949年10月，中央人民政府正式成立中央贸易部，成立对外贸易司，负责对外贸易的统一管理。1951年12月，在上海、天津、青岛、武汉、旅大（今大连）、福州、广州和昆明八大主要口岸城市，设立专门的对外贸易管理局，主要负责福州和上海等主要城市的对外贸易管理。1952年9月，中央政府委员会决定正式废除原中央贸易部，设立独立的部委——中央对外贸易部。中央对外贸易部是中国政府统一领导和管理对外相关贸易的行政机构，在中央对外贸易部之下划分厅局部门的结构层次，分别负责对外贸易的管理与行政工作。由此，新中国统一集中的对外贸易管理体制基本建成。

中华人民共和国成立后，1949年10月25日，中央人民政府海关总署于北京正式宣告成立。1950年12月14日，中央人民政府政务院发布《关于设立海关原则和调整全国海关机构的指示》，正式确立海关设立原则，确定全国设关地点。随后数十年间，海关总署认真贯彻国家经济政策，为保护新中国经济利益对海关实施行政管理人事制度的改革，提高工作效率，在保证国家对外贸监管的同时，为中国迈入国际市场奠定了坚实基础。中华人民共和国成立后，中国对外贸易经营体系逐渐确立。

中华人民共和国成立后，原有分散设立的对外贸易组织机构不再适用于全国统一后社会发展的需要。1950 年 7 月，在全国进出口贸易会议上提出采用国际贸易研究会、联合经营等形式，将公司进出口商组织起来，大部分是批发商，在私营的基础上，适当分工，加强管理，相互鼓励扶持经营。由于国际环境变幻莫测，许多企业有计划、有组织地团结一切对外贸易力量，进行贸易合作。为促进农产品的外销和扩大农副产品的外销，1950 年 9 月，人大财政经济委员会批准允许合作机构在规定范围内经营进出口业务，进出口业务主要集中于农产品及加工品的私营进出口。在国家允许私营进出口商继续经营进出口贸易后，私营进出口商成为中华人民共和国成立初期对外贸易的重要组成部分。中央人民政府带头领导、调整与改组对外贸易组织，于1951 年设立了粮食进口、矿产、石油等国营对外贸易总公司。时至 1956 年，中国基本完成私营进口企业的社会主义改造。国营对外贸易从 1950 年所占比重为 58.4% 上升至 1957 年的 99.2%，构建了以国家统治为基本特征的对外贸易体制。

2. 集中对外贸易管理体制的调整与强化

在国民经济恢复时期，中国建立了独立自主的对外贸易体制，并出台了中国对外贸易保护政策。中国外贸进出口在原有基础上进一步发展，形成高度集中统一的外贸经营管理体制。时至"一五"计划末期，外贸领域高度统一的管理体制逐步得到确立。

在 1956 年以前，国家对对外贸易进行统一管理时，具有一定的灵活性。国家依照进出口许可证制度对私营进出口企业统一管理，将确定并调整税收价格等经济手段与行政手段相结合，管理灵活。其中，国有企业占绝对优势，但国家仍允许私营进出口企业的存在。国家实行直接计划与间接计划相结合的计划制度，对进出口商进行行政管理的同时，也用经济杠杆进行有效调节。1956 年以后，随着国家对私营进出口企业的社会主义改造完成，高度集中统一的外贸管理体制最终形成。

3. 改革开放以来的对外贸易体制

1978 年党的十一届三中全会后，我国确定了改革开放的战略方针，对外贸易进入了一个新的阶段。国家对对外贸易给予了前所未有的重视，相应政策法规的制定极大地促进了对外贸易的繁荣和发展。国家设立经济特区、沿海开放城镇和其他经济特区，促进经济发展，特别是对外贸易的发展，实行灵活多样的进出口贸易优惠政策，优先发展沿海地区的对外贸易。1978—1991 年，进出口总额由 206.4 亿美元增长至 1356.3 亿美元。随着我国对外贸易的兴旺繁荣，20 世纪 80 年代，国内工业快速繁荣，实现了进出口结构优化升级，由工业产品出口代替了农业产品出口。1986 年工业制成品成为中国对外出口主要商品，实现了出口商品结构的升级转变。中国政府为更好地服务于对外贸易，对不利于对外贸易的体制政策制度进行了改革。

自 1992 年邓小平"南方谈话"和党的十四大上社会主义市场化改革目标确立以来，中国共产党全国代表大会正式吸收了西方的贸易理念，充分利用国内外市场和资源，积极推动中国企业"走出去"，参与国际分工与合作，充分发挥国有企业在国际竞争中的比较优势，促进市场多元化。同时，这一时期提出的重大经贸战略结合了进出口战略、积极参与区域经济合作、构建多边贸易体制等相关战略思路，明确中国对外贸易发展道路。这一时期社会主义市场经济的确立，促进了中国制造业的国际化，优化了我国进出口商品结构，工业制成品所占总出口比重不断上升。至 1995 年，机电产品出口量远超纺织品，成为我国最主要的出口产品类型，促进了出口商品结构的进一步转变。

2001 年 12 月 11 日，中国正式加入世界贸易组织，这是中国对外贸易进入新阶段的一个重大里程碑事件。中国加入世界贸易组织以来，一贯坚持履行加入世界贸易组织前的承诺，积极参与经济贸易合作，实施自由贸易区战略。经过一年的适应调整发展后，2002 年，即中国加入世界贸易组织的第二年，中国加入世界贸易组织对本国进出口贸易的促进作用得以显现。仅 2002 年一年时间，我国进出口商品总额高达 6208 亿美元，位居全球贸易实体第四。我国对外贸易凭借跨越式的发展，规模不断扩大。中国迅速跻身于世界贸易大国行列，2007 年货物贸易总额超美国 2500 亿美元，中国出口额占世界总出口额的 1/10。中国成为全球第一大出口国、第二大进口国，成为名副其实的世界工厂，中国制造的产品迅速销往全世界。2014 年，中国的进出口贸易总额已经超过美国，位居世界第一。当前，"一带一路"倡议的提出，无疑进一步扩大了中国的对外贸易，激发了中国与"一带一路"沿线国家的贸易潜力，开创了中国在亚洲对外贸易格局的新局面。

（二）中国现阶段对外贸易体制

1. 中国外贸体制组织结构

中国现阶段对外贸易体制是在加入世界贸易组织后，在中国对外管理体制改革变化发展过程中完善健全的。中国对外贸易的主要管理部门包括商务部、海关、检验检疫部门、外汇管理局和国家税务总局（外汇管理局研究提出管理体制改革和防范国际收支风险，提出相应政策建议；国家税务总局主要起草制度税收政策）。

中华人民共和国商务部是对外贸易的主管部门。海关是国家进出口的关键管理机关，在对外贸易中发挥着重要作用。中国海关管理和关税制度在社会主义经济不断完善过程中逐步发展，正在与世界水平接轨。中华人民共和国质量检验检疫总局是隶属于国务院的直属机构，负责全国质量、计量、出入境商品的检疫以及出入境动植物检疫和认可认证工作。

2. 中国对外贸易法律体系

中国对外贸易法律体系包括宪法、法律、行政法规、规章制度，不包含地方性法规、规章和地方条例、单行条例。

（1）《中华人民共和国对外贸易法》。《中华人民共和国对外贸易法》（简称《对外贸易法》）包括国家对货物进出口、技术进出口和服务贸易进行管理和控制的一系列法律、法规等规范性文件。

（2）《中华人民共和国海关法》。《中华人民共和国海关法》（简称《海关法》）规定：海关总署设立专门的公安机关，负责走私犯罪的侦查、拘留、执行、逮捕；国家实行联合缉私、统一处理、综合治理的缉私制度，海关负责组织、协调和管理缉私工作；如果管理当局发现走私事件，并应受到行政处罚，则将其移交给海关进行适当处理；涉嫌犯罪的，移交海关公安机关查处走私犯罪，由当地公安机关按照案件职责分工和法定程序处理。

（3）国务院颁布的各项条例与制度。国务院颁布各项条例与制度针对货物进出口管理、技术进出口以及外汇相关项目管理明确目标、细化内容，为中国对外贸易打下坚实的法律基础。

二、中国对外贸易体制的改革

（一）中国对外贸易体制改革的历程

自改革开放以来，为适应国民经济发展，对外贸易体制经过一系列改革，改变了原有计划体制下对外贸易领域实施的保护贸易政策和高度集中的行政管理和经济管理，如图 7-1 所示。

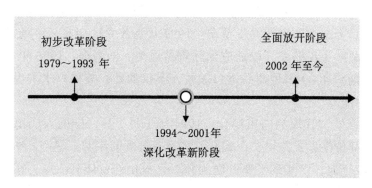

图 7-1　中国对外贸易体制改革的历程

1.1979—1993 年初步改革阶段

此阶段对外贸易体制的改革具有渐进性和试验性的特点，减少了国家对贸易的行政管理和经济管理。国家出台了一系列鼓励出口贸易的政策，旨在促进我国的对外开放。在此阶段，中国对外贸易改革的主要目标是减少国家对外贸的直接控制，增加出口创汇能力，促进经济发展。

1979—1987 年的对外贸易体制改革中，一改过去中国对外贸易由专门外贸公司独家经营，在广东、福建、北京、天津、上海等地成立外贸总公司，扩大外贸经营；一改过去实施指令性计划管理方式，加强宏观调控，国家运用关税进出口许可证等相关手段加强对外贸易管理。

1988—1990 年的对外贸易体制改革中，实行中央补贴的外贸承包责任制。由此，中国经营体制逐渐走向企业自主经营的道路，大部分进出口产品由进出口公司承包经营。1998 年实施的出口退税政策，进一步鼓励了中国企业积极出口，鼓励来料加工和进料加工贸易发展，促进了出口贸易的发展。

1991—1993 年的对外贸易体制改革中，实行自负盈亏的外贸承包制，国家取消外贸企业的出口补贴，由企业自负盈亏。同时国家降低关税水平，取消进口调节税，促进进口贸易的发展。此阶段外贸体制改革旨在促进中国对外贸易向自由贸易方向发展。

2.1994—2001 年深化改革新阶段

在此阶段外贸体制改革主要通过国际通用的商业手段进行调节，促使中国具有丰富劳动力这一比较优势得到发挥，调动外贸企业经营积极性。在此阶段，外贸体制改革主要由过去的贸易保护体制向贸易自由化过渡。

第一，削减关税和非关税壁垒。1994 年为建立社会主义市场经济体制，中国大幅削减关税壁垒，以适应国际贸易规则。据调查，1996 年 4 月 1 日，中国大幅削减 4000 多种商品进口关税，不仅如此，关税总水平也降至原有水平的 23%。

第二，外贸管理趋向市场化。1994 年 1 月 1 日，中国人民币官方汇率与外汇调剂价格正式并轨，正式开始实行有管理的浮动汇率制。中国外汇改革自 1994 年起，以实现汇率并轨为核心，深化外贸体制改革，实行外汇收入结汇制等外汇政策。中国汇率对国际贸易和国际收支起到调节作用。

第三，下放对外贸易经营权。原有计划经济体制下，只有少数专业外贸公司可以经营进出口贸易，使得生产企业、科研院所和国际市场相分离，市场的需要无法第一时间反馈到生产部门，因此，我国企业国际竞争力较差。1994 年 1 月 1 日后，对外贸易体制进一步改革，加快经营机制转变，我国走上了集团化、实业化、国际化经营的发展道路。国家鼓励符合条件的专业外贸企业经批准改组为规范的有限责任公司或股份有限公司。

第四，取消外贸承包制。原有的外贸承包制，虽在一定程度上可以调动外贸部门和企业的积极性，但也会妨碍对外贸易的进一步改革和发展。随着时代的发展，外贸承包制不再适用于当时的政治经济发展趋势，我国在进行国有外资企业股份试点后，推出了一系列综合贸易改革方案，首先就是取消了外贸承包制，在国有外资企业中设置董事会、监事会等，整合外贸资源，实施"大经贸"路线。

3. 2002 年至今全面放开阶段

自 2001 年 12 月 11 日正式加入世界贸易组织后，中国外贸管理体制、中国外贸经营制度和外贸相关法律制度进行了统一调整改革。中国为加入世界贸易组织，按照世界贸易组织相关规定深化外贸体制改革，按照社会主义市场经济体制的要求与世界贸易组织规则，调整了对外贸易经济调控体系和行政手段，促使外贸体制总体框架进入发展新阶段。

中国加入世界贸易组织后，对外贸易格局发生了根本转变，对外贸易成为国民经济持续发展的重要动力，因此原有的《对外贸易法》并不适用于新阶段。为了满足对外贸易发展的需要，新修订的《对外贸易法》于2004年7月1日正式实施。新的法律规定，中国的自然人也可以从事对外贸易，《对外贸易法》将从审批制度改为登记注册制度。同时，新的法律增加了进出口待遇秩序，支持和促进中小企业开展对外贸易，建立了公共信息服务体系，进行对外贸易调查。中国对外贸易进入了贸易自由化的新阶段。除此之外，中国还改革汇率制度，加强经济调控。2005年7月21日，中国开始通过人民币汇率机制改革，引入基于市场供求、适应一篮子货币的有管理的浮动汇率制度，推动中国汇率制度的市场化发展。调整关税、出口退税、外贸企业所得税，并对税率调整进行统一评估，当税率制度与世界贸易组织要求不符时，进一步改革与完善税率制度。

（二）对外贸易宏观管理体制改革

1. 外贸管理权的分散

改革开放前，中国实行外贸行政管理和经营管理权高度集中的制度；改革开放后，为更好地促进国际贸易的发展，对外贸易领域管理权逐渐分散。

改革开放前，对外贸易部主掌中国外贸行政管理大权，对外贸易管理权高度集中。对外贸易部起草、制定与外贸计划相关的法规制度，在对外贸易部的管理下，由下属国有外贸专业公司负责执行计划。

改革开放以后，建立了社会主义市场经济体制，外贸管理权也积极下放，先是在广东、福建两省进行试点，之后将外贸行政管理权下放至地方。1990年后，中央或者地方的对外贸易行政管理权逐渐弱化，政府转变管理职能，从过去承担微观管理职能转向宏观管理职能，行使与市场经济相适应的经济手段和法律手段，从而对外贸管理发挥指导作用。

改革开放后，外贸经营权逐渐趋向分散，分散方向为横、纵两个方向。横向是指中央其他部门成立专业进出口贸易总公司，如航空部门成立中国航空技术进出口有限公司，科技、教育、文化、卫生、体育等部门也纷纷成立经营各自类别商品的进出口公司，由此一部分经营权分散到有关类别的进出口公司；纵向是指各省、自治区、直辖市及经济特区等纷纷开辟贸易口岸，获得批准后经营外贸业务。

对外贸易管理权限逐渐分散顺应了中国对外贸易体制市场化趋势的改革，打破了原有对外贸易的高度集中管理方式和垄断形式，形成了多元化利益主体，通过增设工贸总公司、地方外贸公司、生产企业及三资企业等各类经营实体促使对外贸易管理权限分散。

外贸管理权分散通过分阶段、分区域逐步推进，具有明显的区域偏向性。渐进式改革不会在一个时间点、在全国范围实行统一的政策。中国对外贸易体制改革花费时间较长，对外贸易经营权的分散主要集中于各级各类政府部门之间的权力转移，并未真正转移给市场竞争主体——企业，企业在对外贸易体制改革后获得一系列经营自主权，但仍然要接受政府各种形式的干预。

2.计划管理体制的变革

正如中国由计划经济转向市场经济是一个循序渐进的过程，对外贸易体制变革趋向市场化和自由化也是一场渐进式的贸易体制改革。

改革开放后，我国经济体制从过去的单一体制转变为以计划经济为主要手段、市场调节为辅助性手段，再到计划的商品经济，进而发展为社会主义市场经济。对外贸易计划也分为强制性计划和指导性计划。涵盖所有对外贸易环节的强制性计划是行政法规的一部分，是指令性的；指导性计划作为总体规划，不是强制性的，只是规定了贸易总量，政府通过经济手段指导和引导工作。1986年，据世界银行统计，中国60%的出口贸易受强制性计划控制，20%受指导性计划控制，40%受进口贸易控制，30%受外汇分配机制强制性计划控制。截至1992年，受强制性计划控制的进口商品仅占总进口量的18.5%。到1994年，所有强制性计划都被取消，国家只发布了进出口总额、出口收汇和进口外汇使用的指导性计划。与此同时，国家降低了关税。这意味着数量限制手段也将逐步减少，关税水平将继续下降，中国的贸易体系将变得越来越自由。

（三）出口管理体制改革

1.外汇制度改革

外汇制度改革的主要目的是维护外汇交易公平，合理配置相关外汇资源，促进国内外经济均衡发展。外汇制度改革包含外汇制度和外汇管理体制一系列的规则与设计。外汇制度指一国货币对本国货币变动的基本方式加以规定和安排，外汇管理是指国际间的贸易结算和外汇市场等方面的管理措施。

自 2006 年至今，随着中国经济迅猛发展以及人民币在国际货币体系中地位迅速提升，人民币升值压力急剧增加。中国政府在坚持主动性、可控性和渐进性原则下，积极推行人民币汇率制度改革措施。改革措施主要包含两个方面；一是人民币汇率制度，即以市场供求为基础进行有管理的浮动汇率制度；二是指人民币汇率由过去钉住美元汇率转向有管理的浮动汇率制，从而缓解人民币升值压力，实现中国国际收支平衡，维护中国货币政策独立性等。

在外汇交易过程中，参与外汇交易的主体和外汇交易的种类不断增加，包括允许非银行金融机构和非金融企业按照实际需要原则进入。外汇市场同时也允许符合条件的主体开展银行间远期外汇交易以及即期对远期等外汇交易。

2. 出口补贴政策改革

在国际经济贸易中，补贴是其中的重要组成部分，补贴的产生与发展与商品交易国际化，也就是国际贸易的发展息息相关。它指的是一个国家根据产业发展目标与经济发展导向，给予出口商或者潜在出口商现金支付或财政方面的优惠待遇，分为直接补贴和间接补贴两种方式。商品出口时政府直接给予出口厂商的现金补贴是直接补贴，商品出口时政府给予出口商财政方面的优惠是间接补贴，如减免税款、提供出口信贷等。

中国出口补贴政策分类众多，维持时间较长，覆盖品类面积广。中国政府曾在 1997 年 4 月 1 日规定小汽车零部件关税和进口环节税的减免相关补充条款说明。通过对小汽车零部件关税和进口环节税的减免不难发现，当年中国政府大力扶持第二产业的进出口贸易。中国对农业出口贸易的补贴在一定程度上起到了保护性补贴的效果。

出口补贴对进口国家来说，可以带来进口规模的扩大。对于发达国家而言，进口补贴产品可以为消费者带来福利，但在国内经济本身就业不足的态势下，扩大国外廉价补贴品的进口，会使国内同类产品受到打击，恶化国际间收支状况。对于发展中国家而言，扩大进口补贴产品会给国内正在发展中的工业制成品带来巨大打击，但如果进口补贴产品正是急需技术设备等的投资品，则可以通过国内经济和科技的进步，以及产品技术升级与产业转型等的长期效益来弥补进口产品带来的损失。

（四）进口管理体制改革

1.关税制度改革

进口体制改革对中国进口贸易产生了重大影响。中国进口管理体制改革的目的是通过提高关税来取代原来计划的控制。与此同时，由于各种关税减免政策的实施，关税在贸易中的调节作用日益增强，关税限制了进出口贸易，并继续对经济产生深远影响。

关税制度改革一改过去通过计划手段对对外贸易的隐性保护，改为显性保护。原本计划控制是一种隐性保护，其保护程度难以计量，实施关税保护则可以因其较高的透明度而为对外贸易提供显性保护。关税调节主要对产品价格产生作用，进一步起到调节市场的作用，有利于市场机制的形成与贸易保护手段规范化程度提升。关税制度改革促进了中国潜在优势产业的迅速发展。例如，20世纪80年代初，为促进本国家电行业的发展，控制电子类耐用消费品的进口，中国实行高关税政策，电视机名义进口税高达80%，进口调节税为70%，累计关税高达150%，因此电视机进口受到严重抑制。国内各类企业抓住时机，纷纷通过技术合作或者引进国外生产线，投资电视机行业，推动电视机产业的发展。企业之间的激烈竞争引发优胜劣汰，促进了中国电视机产业迅速发展。至20世纪90年代，中国电视机市场空前繁荣，国产电视机国际竞争力显著提升，中国逐渐成为世界电视机出口大国。

2.非关税制度改革

非关税壁垒通常指除关税以外限制进口的政策措施。中国自改革开放以来，主要的非关税壁垒措施为进口配额及许可证制度、进出口计划控制、外汇控制及外贸经营权控制等。关税措施与非关税措施共同构成中国进口贸易壁垒，控制中国进口贸易的规模和构成结构。

（五）对外贸易经营体制改革

1.外贸经营权制度改革路径

外贸管理体制改革主要从宏观和微观两个层面进行。宏观层面主要是指外贸管理权和行政审批权的下放，微观层面主要是赋予各类外贸企业经营权。外贸经营权制度改革，首先对行政级别以及行业部门进行了调整，随后在所有制方面也做了合理化调整。

改革开放初期，《中华人民共和国对外贸易法》从中央对外贸易协会延伸到地方分会，从工商协会延伸到生产部门。随着《中华人民共和国对外贸易法》不断深化实施，行政权逐步放开。自 2004 年 7 月 1 日起，我国所有企业和个人都享有对外贸易经营权，对外贸易经营权全面放开。

2. 外贸经营权制度改革实绩

外贸经营权制度改革促进了以国有外贸企业构成变化和所有制形式多样化为主要特征的多元化经济主体格局的形成。改革开放前，中央政府只有10 个专业外贸中心和几个港口分支机构。然而，截至 2001 年年底，中国共有 1.6 万家国有对外贸易和自营进出口生产公司。对外贸易经营权制度改革后，从事外贸活动的国有外贸企业数量迅速增加。在由计划经济体制向市场经济体制转换的过程中，改革是以市场为取向的，改变了原本单一国有企业的主体格局，逐渐形成集体企业、私营企业、股份制企业、中外合营企业等所有制多元化格局。

外贸经营权制度改革打破了中国对外贸易经营的垄断格局。外贸经营主体多元化带来的竞争效应，促使非国有外贸企业迅速发展，倒逼国有企业改革。

3. 国有外贸企业改革

外贸经营权制度改革下，对外贸易主体多元化，促进了国有企业的制度改革。中国对外贸易经营体制从过去计划经济模式转变为市场经济模式，国有外贸企业产权制度进行改革，建立了现代企业制度。

外贸企业曾长期作为政府的附属品，市场主体缺失，企业产权单一化。改革开放后，国有外贸企业改革实现政企分离，企业拥有独立经营权。改革进一步促进了所有权和经营权的分离，提高了企业和资本的运作效率，加快了国有企业改革的速度。设置现代企业制度改革试点，重组产权结构，部分企业进行了股份制改革，甚至部分企业成为上市股份有限公司。在一系列改革措施下，国有企业向注重利益的方向发展，实现自主经营，提高了国际市场竞争力。

（六）中国外贸体制改革的经验

1. 坚持外贸体制改革理论创新

根据中国经济发展史和中国经济体制改革进程得出结论：理论创新在推动社会经济发展中起到重大作用。经济发展实践产生理论创新，同时推动经济发展。在中国经济体制改革前进的道路中，一旦遇到难题，就需要进行理论创新来解决问题。中国经济体制改革包含外贸体制改革，由此可知，外贸体制改革理论也是中国经济体制改革理论中的一部分。

改革的根本目的是解放和发展生产力。自改革开放以来，随着外贸体制改革理论不断创新发展、取得突破，中国对外贸易发展迅速，实现了解放和发展生产力的目的，理论指导经济工作顺利开展。

2. 坚持推进外贸体制改革战略

外贸体制改革战略主要包含两点内容：第一，在开放格局上层层推进；第二，先试点再推进。中国一向奉行渐进式改革模式，从边缘改革逐步向中心，渐进式、全方位推进。

中国对外开放格局经历了经济特区—沿海开放城市—沿海开放经济区—内地这一过程。这一开放格局贯彻了层层推进的改革战略。东部沿海省市开放基础相对较好，由东部沿海作为试点为贸易开放探索道路，积累经验，探明方向。在沿海地区取得一定成效后，继续纵深推动，实行特殊优惠政策，吸引外资投资办厂，改变原有商品流通计划体制全面覆盖的局面。沿海地区作为对外贸易发展成功试点逐步推广，将沿海地区企业改革的先进经验推广到其他行业和其他地区。外贸体制改革顺应了国家总体经济体制改革的次序和步骤，逐步放松对外贸易计划，推动市场化改革深入发展，通过实行贸易自由化，加速消除贸易保护壁垒。

3. 坚持市场化的外贸体制改革方向

改变原有高度集中的计划经济体制，坚持市场化的改革方向。在中国加入世界贸易组织后，面向的外贸环境更加开放，市场主体拥有更多交易自由。市场化要求在外贸体制改革过程中，减少政府及相关部门对外贸活动的干涉。

第二节　中国对外贸易与中国产业结构发展

一、对外贸易与产业结构

（一）对外贸易与产业结构的关系

对外贸易作为一种国际商品和服务交易往来的形式，目的是实现国际间资源的优势互补，增加本国外汇和国民收入。

发展中国家通常出口较多中低端产品和服务，进口高端产品和服务；发达国家则主要出口高附加值产品和服务，进口中低端产品和服务。中低端产品和低附加值产品将相应地获得较低的利润，而高附加值的高端产品将获得较高的利润。长此以往，发达国家通过国际贸易获取的利润远高于发展中国家，从而进一步拉大了国家间的经济实力差距。

进出口产品的品种有高、中、低三种，同样，国家产业也可分为农业、工业和服务业。发展中国家经常出口农产品和一般工业产品，而发达国家出口高附加值的高质量工业产品和服务。为了实现更高的收入，发展中国家必须积累资本和技术，并在高端领域谋求发展，即产业转型升级。产业转型升级是一个艰难的过程，不可能一蹴而就，需要充分的资本积累和技术积累。要在国际贸易中提高国际竞争力，产业转型升级就是一个必不可少的先决条件，因为国内经济的发展增加了劳动力和资源的成本，为了适应国际市场，有必要提高企业的技术含量和服务水平，否则它有可能在贸易往来中处于劣势。

虽然当前部分发展中国家具有大量的劳动力资源，在对外贸易中占据比较优势，但必须认识到比较优势的陷阱——即使发展中国家拥有劳动力的比较优势，也无法改变发展中国家的经济落后或国际贸易中优势的不公平分配。比较优势战略强调静态贸易利益，忽视了动态贸易利益，即对外贸易对产业结构发展、技术进步和制度创新的促进作用。长期实施简单的比较优势战略不会改善一国的产业结构，它会巩固原有的产业分工，使发展中国家在国际分工中处于不利地位。

在国际竞争日益激烈的今天，能否通过有效的政策促进产业结构保持动态优化，实现产业结构升级，成为一个国家经济能否增长的重要衡量指标。

（二）对外贸易推动产业结构升级的理论阐述

产业结构优化，即通过产业结构调整，提升产业结构水平和效率，使资源、技术、需求相匹配。关于对外贸易推动产业结构升级的相关理论阐述，早有经济学家进行了详尽研究。

亚当·斯密的贸易理论始于个人之间的分工和贸易，然后扩展到国际贸易和国际分工领域。亚当·斯密认为，提高各国的经济专业化程度可以提高劳动生产率，增加国民财富。个人出于自己的利益考虑，必然致力于生产为自己带来更多利益的商品，国家也是如此。国家通过将本国贸易产品的成本与从国外进口的产品成本进行比较，由此决定是进口还是由本国生产产品。他认为，建立在一国优势基础上参与到国际分工中去是分工生产的高级阶段。自然优势是根据国内的资源禀赋状况所与生俱来的，如气候、矿藏、土壤等；获得性优势是凭借后天不断积累、不断发展所得的，如技术和劳动熟练程度等。自然优势和获得性优势使得一国在生产特定产品方面形成成本优势，在国际贸易中取得绝对优势。"绝对优势理论"就是指，一国出口在本国生产有比较优势的商品，进口在国外生产具有比较优势的商品，如此一来，使得贸易进口、出口国都能够获得更多效益。亚当·斯密的"剩余产品出路理论"合理地解释了国际贸易的产生，认为之所以产生国际贸易是因为产品生产产生了剩余，通过国际贸易将剩余产品销售出去是实现剩余产品价值最大化的良好方式。

大卫·李嘉图的比较优势理论解决了存在于国际贸易中的矛盾，即一个国家除非在其所有产品的生产方面拥有绝对优势，否则就无法进行国际贸易。一国应通过生产和出口与其他国家相比具有比较优势的商品积累国民财富，进口相对劣势的商品以满足需求，参与对外贸易和国际分工。具有比较优势的产品长期出口，将影响这些产品在国内产业结构中的份额，使国内出口产业保持可持续发展的动力，形成具有比较优势的核心出口格局，影响国内产业结构发展。从表面上看，比较优势理论讲的是外贸货物进出口流动的方向和进出口货物的选择。深层次挖掘可以理解为，探讨在商品自由流动的贸易开放环境中产业结构的选择与发展的问题。

从亚当·斯密和大卫·李嘉图的贸易理论中都不难看出，对外贸易可以促使本国资源由绝对劣势和相对劣势产业部门流向有相对优势或者有绝对优势的产业部门。新古典经济学家赫克歇尔和俄林的要素禀赋理论也指出，不同要素禀赋导致的贸易必然会导致国内产业结构的变化，从而削弱资源配置的效率。早在 20 世纪 60 年代，迟松提出的"雁行模式"就将视角转向了发展中国家，主要关注发展中国家如何利用国际化参与多阶段的国际分工。他建议发展中国家必须学习发达国家的技术，扩大出口，提高竞争力，以优化产业结构。

发展中国家参与国际竞争的同时，还要重视商品价格形成机制过程中的市场化，在国内经济运行顺畅的前提下，发挥现实性比较优势，由商品结构的优化进一步推动产业结构的优化，获得比较利益的同时实现产业结构的调整。一个国家在获得静态比较利益的同时，可以发挥有效的传导作用，将其转化为资本的增值和技术的快速进步。

（三）对外贸易推动产业结构升级的过程

贸易原材料结构影响产业结构的过程是，当技术水平高的发达国家优先生产工业产品时，发展中国家在同时期主要是发展第一产业，出口原材料主要集中在农产品等初级产品上。发展中国家必须从发达国家进口工业产品。在国际贸易过程中，发展中国家逐渐开始通过进口国外先进设备、模仿和制造工业产品来积累资本。发展中国家在拥有一定的资本并改变以往的进口设备和技术后，开始培养和发展自己的技术创新能力，积极发展服务业，实现产业结构由第一产业向第三产业的逐步过渡，实现产业结构升级。

随着生产力的发展，贸易方式逐渐从产业间贸易转向产业内贸易。产业内贸易促进了商品生产的专业化、产品生产分工的细化和差异化，企业更容易实现规模经济。企业竞争力的提高也会促进企业不断调整和优化产业结构、增强竞争力。此外，内部贸易的发展促进了产业集聚，这使得企业更容易获得完善的配套基础设施以降低成本。内部贸易引起的产业集聚也将导致各产业的知识和技术的溢出效应，促进各行业的技术进步，甚至为行业的快速扩张提供新的发展机遇，最后将促进一个国家整个产业结构的现代化。

当一个国家拥有低廉劳动力成本和丰富的劳动力时，它就拥有了制造业的比较优势，加工贸易将成为该国最重要的贸易形式。然而，这一优势并非一项长期优势，一旦全国生产力水平提高，劳动力成本就会上升，这时为了实现经济的进一步发展，就要引进国外先进的技术和设备。先进技术的引进可以充分发挥溢出效应，促进相关产业整体生产力的提高和整个产业结构的优化与现代化。同时，一般贸易方式企业必须独立参与国际竞争，这有助于提高企业的竞争力以及独立组织研发和生产的能力，并最终促进产业结构的现代化。

一个国家具有多样化的区域贸易结构。国际贸易不集中于单一国家，而是不同的国家，这有助于提高产业结构的稳定性和恢复力，也有利于与几个区域的贸易往来以及在几个层次上引进技术。对于发展中国家而言，它们既可以从发达国家和地区引进高新技术，又可以从新兴工业化国家和地区输入适用技术，使国内引进的技术多层次化，逐步实现国内产业结构的调整和现代化。产业内贸易和产业间贸易对产业结构的影响存在较大差异，这是贸易结构对产业结构产生影响的主要原因。

在现阶段，尽管中国不同地区的要素禀赋结构差异很大，但内部要素禀赋结构正逐渐从劳动力的比较优势转变为资本和技术的比较优势。此外，中国在基础设施、产业体系建设和产业政策完善等支持企业现代化的软硬件方面均有良好的基础。借鉴国外企业的经验，中国企业需要构建国家价值链，实现国家价值链与全球价值链的融合发展；引领部分全球价值链；在积极发展国家产业增值链的基础上，整合国家增值链和全球增值链，帮助国内企业尽快摆脱来自发达国家的低端锁定，培育自己的市场力量和技术力量，促进高低层次劳动人口均衡就业，逐步实现产业结构的优化和现代化。

二、中国对外贸易与推动中国产业结构发展

20世纪70年代，随着中国工业化的推进，第二产业成为中国的主导产业，但是以农业为主的第一产业在产业结构中所占比重仍然很高。改革开放是产业结构发展变化的关键节点，之后，资源密集型的第一产业在国内生产总值中的比重开始下降，第二产业和第三产业在经济中的比重显著提高。

改革开放后，我国的产业结构开始从原来的"二一三"结构向"二三一"结构转变。第一资源密集型产业在GDP中的比重持续下降，第二产业比重相对稳定，第三产业在国民经济中的比重大幅提升。

改革开放初期，中国第二产业明显落后于世界水平，中国本土企业面临外国产品的严峻挑战。基于中国家电产业发展落后的现状，国家对我国家电产业实施贸易保护政策，限制外国家电产品进口，为本国家电产品保留了一个巨大的国内市场。

改革开放后，国民收入水平不断提高，家用电器需求旺盛，家电产品利润可观，并且由于限制进口的主要目的是保护国内产品，因此在20世纪80年代中期国家对生产设施的进口实行了相关优惠政策，各地积极引进电视机、洗衣机、冰箱等生产装配线，引起重复引进现象。这种重复引进无

疑浪费了国家宝贵的外汇资源。但从另一个角度看，它也为家电行业在发展之初就创造了一个高度竞争的环境，促进了优胜劣汰和高效企业的快速发展。到 20 世纪 90 年代末，中国家电行业在激烈的竞争中形成了较为完整的生产技术体系，产品技术和质量与国外品牌基本持平。海尔、长虹等一大批大型家电企业先在国内市场占据了显著的主导地位，然后依靠强劲的国内需求，在取得一定规模效应的基础上提高国际竞争力，进入了海外家电贸易市场。

20 世纪 90 年代以来，全球产业格局迅速变化。欧美发达国家的家用电器产量逐渐下降。在亚洲金融危机的影响下，日本经济不再繁荣，日本选择逐步放弃整机生产，专注于关键技术和零部件的研发。世界家电跨国巨头纷纷转向中国进行大规模投资。一方面，中国家电企业利用跨国公司的营销网络参与部分高端产品的贴牌生产；另一方面，中国家电企业依托企业自身优势，大力发展中低端自主品牌产品出口，充分发挥比较优势，不断提高竞争优势。最后，中国家电产业从一个相对劣势产业成长为一个相对优势产业。中国企业制造的家电产品不但充分满足了国内消费者的需求，而且出口销往世界各地。中国也成为世界上主要的家用电器制造国和出口国之一。

从以往的国际经验来看，日本及亚洲"四小龙"的出口商品结构从以劳动密集型为主转型为以资本、技术密集型为主花了大约二十年的时间。中国自 20 世纪 80 年代后形成以劳动密集型产品为主的商品结构，到 20 世纪 90 年代后期为止已经十余年的时间了，这种以粗加工、低附加值为主的商品结构仍没有明显变化。这种状况固然与中国要素禀赋结构密切相关，但更为重要的是体制使然。在贸易自由化改革的驱动下，中国投资自由化程度明显提高。随着中国与世界经济通行规则的接轨，吸引的外商投资大规模增加，在一般贸易进口仍面临进口壁垒的情况下，"大进大出"的加工贸易得到迅速发展。

中国加入世界贸易组织后，对外开放开启了新篇章，从过去的单边开放转为与世界贸易组织的成员之间相互开放。中国享受世界贸易组织多边谈判成果，开放自身市场，扩大吸引外资；中国充分利用世界贸易组织提供的机遇，加快贸易改革步伐。

以汽车行业为例。在加入世贸组织之前，中国汽车行业长期以来属于保护性行业。但是随着中国加入世界贸易组织，中国逐渐取消了对汽车行业的保护，汽车销售量也出现了爆发式增长。2000 年，中国的销售量为 206.82 万辆，2010 年销量增加到 1826.4 万辆。汽车进口量呈现井喷式增长，在满足国内消费者需求的同时，也可以限制国内市场汽车价格的上涨，促使汽车行业利用国际和国内市场合理配置资源，调整汽车工业产品结构和组织结构，国内汽车零部件成本大幅下降。汽车市场的开放也促进了中国企业对汽车服务业经营模式和管理经验的学习，促进了汽车行业管理水平的不断提高。奇瑞、吉利、红旗等国产品牌开始在中国汽车行业中崛起，通过贸易和投资参与国际市场竞争。国际市场的激烈竞争也淘汰了一大批弱势汽车制造商，形成了产业集聚，促进了汽车产业结构的优化。当然，中国加入世贸组织后扩大对外开放也有一些负面影响。例如，中国的对外出口长期集中在低价值劳动密集型产品上，竞争力不强；中国的国际分工始终处于价值链的底部，缺乏主导权。这些问题的出现，促使中国不断思考对外开放和国际贸易，寻求"全面提高对外开放水平"的对策。

改革开放之初，随着外贸体制改革中"稳出口"政策的实施，资源型初级产品的出口原材料结构逐步转变为劳动密集型工业产品，通过多种传导机制，实现了比较优势的回归，对产业结构的优化发挥了作用。20世纪90年代中后期以来，贸易体制客观上促进了加工贸易的快速发展，加工贸易的溢出效应较小。因此，工业品内部原材料出口结构由劣质原材料缓慢转变为优质终端产品，外贸体制改革对产业结构的优化作用趋于减弱。随着中国加入世界贸易组织，国际市场竞争的压力继续要求国内企业提高技术水平和附加值，中国制造业正逐步从低端制造业向高端制造业转型。

总之，通过实施对外开放的基本国策，中国实现了从原有封闭型经济向开放型经济的转变。对外贸易的快速发展促进了中国工业和经济结构的不断优化升级，促进了宏观经济的持续快速增长。

第三节　上海自贸区贸易与投资规则创新

一、上海自贸区发展历程回顾

（一）上海自贸区的产生与发展

1. 上海自贸区的产生

中国（上海）自由贸易试验区（简称"上海自贸区"）产生于三大背景

之下，即全球贸易竞争、人民币国际化与中国自身改革的需要。

2008 年，国际金融危机席卷而来，大国竞争、产业回流、贸易摩擦等种种问题向传统贸易投资格局发出前所未有的挑战。多年以来各国政府积极实施经济复兴政策，世界经济总体好转，但目前全球经济环境仍具有较大的不确定性。全球市场萎缩、供应链断裂、经济问题政治化向传统的国内国际循环模式发出新的挑战。目前美欧日三大经济体通过跨太平洋伙伴关系协定（TPP）、跨大西洋贸易与投资伙伴关系协定（TTIP）和多边服务业协议（PSA）三大协议共同构建国际贸易和投资规则，企图抛弃原有的世界贸易组织，构建新的世界经济规则；在形成新一代高规格的全球贸易和服务业规则，代替世界贸易组织后，针对中国制造和金砖五国，促使它们二次"入世"，进入属于美、欧、日主导的国际经济新秩序中。因此，中国投资建设局部自贸区，使之成为与世界贸易联系对接的入口平台，旨在进一步推广并对接整个中国经济发展，也是谋求自救与发展的必然选择。

中国当前仍是世界上最大的生产国家也是重要的资源消费国家，但是中国在全球货币格局中仍处于不利地位。当前国际需求疲弱，国内劳动力成本不断上升，带来必然的产业转移。国内市场经济效率仍然较低，产能过剩和能源消耗问题还很严重，国际经济形势变幻莫测。面对国内国外的严峻挑战，建设上海自贸区是必然选择。

首先，上海自贸区的建设实际上是中国主动选择的一个新的开放试点项目，其核心是以开放促改革。这项改革的依据是，自由贸易区的建立要求政府将市场行为的主导权返还给市场主体，加快人民币自由兑换进程，并推进税制改革。因此，自由贸易区的建立将推动金融、税收、贸易和政府管理等一系列改革措施的出台。同时，这些改革措施可以为国家改革带来巨大的示范效应，逐步释放改革红利，最终推动中国经济转型和升值。其次，自由贸易区是建设中国经济升级版的重要引擎。目前，中国经济正处于转型和升值的重要阶段。在经济全球化的背景下，国际经济合作更加重要，加快资源要素的流通至关重要。自由贸易区的建立将促进对外贸易发展，稳定经济发展，为中国经济转型和升值创造良好的发展环境。

2. 上海自贸区建设历程

上海自贸区建设历程如图 7-2 所示。

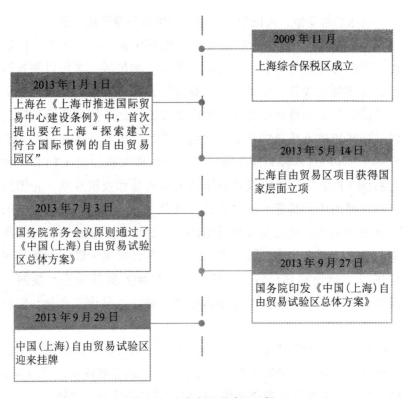

图 7-2　上海自贸区建设历程

3.上海自贸区的发展阶段

上海自贸区正式建设后，经历了四大发展阶段，如图 7-3 所示。

"上海自贸区1.0版"：自贸区制度框架基本建立。

2013年7月3日，国务院常务会议审议通过了《中国（上海）自由贸易试验区总体方案》，建立上海自贸区是顺应全球经贸发展新趋势、更加积极主动对外开放的重大举措。上海自贸区聚焦投资管理、贸易监管、金融管理、事中事后监管四大改革领域，同时催生出21条可复制、可推广的好经验。上海自贸区制度框架基本建立。

"上海自贸区2.0版"：改革创新力度进一步加大。

2015年4月20日，国务院印发《进一步深化中国（上海）自由贸易试验区改革开放方案》，上海自贸区正式升级为"2.0版"。2.0版方案实施后，上海自贸区投资管理制度、金融管理制度、综合监管执法制度纷纷改革。

"上海自贸区3.0版"：迈上新台阶。

2017年春天，上海自贸区再次迈上新台阶。当年3月底，国务院正式印发《全面深化中国（上海）自由贸易试验区改革开放方案》，这是上海自贸区设立以来，国家出台的第三个改革方案，被外界称为"上海自贸改革的3.0版"。主要内容为建设综合改革试验区、风险压力测试区、提升政府治理能力的先行区，以及服务"一带一路"建设、推动市场主体"走出去"的"桥头堡"。

"上海自贸区4.0时代"：支持长三角一体化。

2019年8月6日，国务院正式批复同意设立中国（上海）自由贸易试验区临港新片区，并印发了总体方案。上海自贸区进入4.0时代，增设临港新片区119.5平方公里，面积和原来的自贸区基本相当。

与2015年的扩区不同，此次新增设的临港片区显然承担着更高一层的对外开放使命。打造更具国际市场影响力和竞争力的特殊经济功能区，这是临港新片区区别于之前片区的定位，以在新形势下更好地服务和支持长三角一体化国家战略。

图7-3 上海自贸区四大发展阶段

截至2019年，希腊、伊朗、斐济、捷克等9个进口国展馆已经在外高桥建成并投入运营，丰富了"一带一路"沿线国家和地区产品进入中国的渠道。

如今，上海自贸区新港区正在建设，新区的改革开放和创新前所未有。随着人民币国际化、资本跨境自由流动、绿色智慧全球供应链、全球人才自由定居制度的加强，这些措施可以在本地区逐步研究和增加试点。新区将继续作为国家新政策、新机制的"试验田"，推动上海自贸区建设达到 4.0 版的新水平。

（二）上海自贸区四项任务

1. 贸易自由化

上海贸易区建设不是集装箱的堆场，其目的是成为贸易中心，主要的贸易内容为转口贸易和离岸贸易。离岸贸易的核心是要解决跨国公司资金管制问题。在上海自贸区内建设国际资金池和国内资金池，助力实现外汇资金的集中运营，建立跨国企业的全球资金管理中心。上海自贸区与大长三角周边地区的错位竞争与协同有效合作，推动了自由贸易和相关服务贸易的发展。在自贸区建设指定商品期货的交割仓库，建成后将代替韩国釜山和新加坡 LME 仓库的部分功能。贸易自由化不仅促进了相关贸易、相关金融的发展，也降低了跨国公司全球资源配置和交割管理的风险，促进了自由贸易的繁荣。

2. 投资的自由化

上海贸易区实施准入前国民待遇和负面清单管理，特别是将服务业六大领域作为主要建设目标，这六个领域以及领域内主要内容如图 7-4 所示。上海贸易区欢迎双向投资，一方面鼓励外资积极来华投资，另一方面也鼓励中国有实力的企业在上海自贸区面向海外直接投资。可以将上海自贸区视为中国面向世界的大平台，在这个平台上既可以积极实行"走出去"战略，也可以实施"走进来"战略。上海自贸区积极提供贸易往来的外汇储备的创新运用形式，积极拓展外汇储备委托，运用多种方式提供融资支持。

1. 金融服务领域

允许符合条件的外资金融机构设立外资银行；设立外资专业健康医疗保险机构；融资租赁公司设立的单机、单船子公司不设最低注册资本限制。

2. 航运服务领域

放宽中外合资、中外合作国际船舶运输企业的外资股比限制；先行先试外贸进出口集装箱在国内沿海港口和上海港之间的沿海捎带业务。

3. 商贸服务领域

在保障网络信息安全的前提下，允许外资企业经营特定形式的部分增值电信业务；允许外资企业从事游戏游艺设备的生产和销售。

4. 专业服务领域

允许设立外商投资资信调查公司；允许注册符合条件的中外合资旅行社；允许设立中外合资人才中介机构；允许设立股份制外资投资性公司。

5. 文化服务领域

取消外资演出经纪机构的股比限制，允许设立外商独资演出经纪机构；允许设立外商独资的娱乐场所，在试验区内提供服务。

6. 社会服务领域

教育培训、职业技能培训方面，允许举办中外合作经营性教育培训机构，允许举办中外合作经营性职业技能培训机构；医疗服务方面，允许设立外商独资医疗机构。

图 7-4　上海自贸区建设六大主要领域

3. 金融国际化

上海贸易区的金融国际化实际上就是推动人民币国际化。通过允许投资和贸易相关的资金自由兑换，进一步探索外汇管理改革试点，建立适用于自贸区的外汇管理体制。推进贸易投资便利化，推动人民币结算业务的发展，扩大人民币适用范围。同时放开权限，允许符合条件的外资金融机构投资建立银行，建立民间自发的风险自担的民营资本和外资金融共同建立的中外合资银行。通过鼓励其建立综合交易平台，大力鼓励全面放开产品创新，同时允许自贸区的金融机构去海外市场发债，资金回流之后可以将资金贷款给自贸区里的企业，突破现有存贷比的限制。

4. 行政精简化

上海贸易区实行"一线逐步彻底放开、二线安全高效管住、区内货物自由流动"的创新监管新模式。"一线"指的是国境线，"彻底"指的是无禁令入境。除了根据负面清单无法完成的事情外，其他事情都可以完成。自贸区建设过程中的主要工作是简化现有开放试点项目中的行政流程，降低行政成本，并创建一种整合现有海关特殊监管区的有效方式。

二、上海自贸区转变贸易方式

（一）创新监管服务模式

上海自贸区始终坚持"一线逐步彻底放开、二线安全高效管住、区内货物自由流动"的原则。基于这一原则，它建立了适合国际贸易发展要求的监管模式。"一线"指的是国境线，国境线"放开"指监控的重点是人员监控，港口单位负责货物必要的检查和检疫，以及人员和货物的隔离，以实现人员、货物在自由贸易区的有效流动。"二线"指的是国内市场分界线，国内市场分界线"安全高效管住"是指，在自由贸易区的空间分界线上，严格监控进出园区的货物。这一模式能够创新自由贸易区海关监管体系，促进新兴贸易产业发展，谋求实现便捷通关的目标。

按照入境检疫安全、适当放宽进出口管制的原则，创新自贸区检验检疫监测体系，确保进出口便利，严格防范质量安全风险。上海出入境检验检疫局采取快速检验放行的方式，提高效率，加速贸易。监管服务模式的创新还体现为自由贸易区简化了公司外籍员工工作许可的审批程序，并为外籍员工提供了出境和入境定居的机会。对于经常在自贸区从事商贸活动的外国人，移民管理局还为其提供过境签证自由和临时入境的便利。

上海自贸区通过创新监管服务模式，促进了贸易手续的简化，提高了透明度，减少了统一标准和限制，降低了国际贸易的交易成本，促进了货物和服务的自由流动。上海自由贸易区为所有地区提供了可复制且有效的经验，促进了当地的深入改革，并促进中国加快完善市场体系。政府加快转变监管方式，完善监管职能，为创新海关贸易监管体系提前建立了一套实用、高效、安全的海关监管体系，覆盖整个通关流程，报关清单统一、规范、简单、快捷，减轻了企业负担，提高了出境海关处理效率，降低了成本，有利于企业扩大内销。

（二）实施促进贸易的税收政策

在上海自由贸易区的七项税收政策中，两项为投资政策，另外五项为促进贸易政策。其中，促进贸易的税收政策如下：第一，将在自贸区内注册的融资企业设立项目子公司纳入金融租赁出口退税试点框架；第二，在自由贸易区注册的国内租赁公司，如果在国外购买空运重量超过25吨的货物，在经国家主管部门同意后，可以在进口环节享受增值税政策；第三，在自由贸易区生产和加工的货物被公司申请后，国内货物将按照相应的海关政策进行测试；第四，根据现行政策框架，自由贸易区制造业和服务业进口的设备将获得免税；第五，完善启运港退税政策。

（三）进一步扩大开放服务贸易

上海自贸区同时放宽外商投资国际运输的股权比例，允许外商从事铁路货运业务，允许外商以合作形式参与公路客运项目，允许中国香港和澳门的投资者共同参与出入境汽车运输。上海自贸区积极发挥外高桥港、洋山深水港、浦东机场国际枢纽港的纽带作用，形成具有国际竞争力的航运运营模式，提高国际航运服务水平，积极发展航运融资、国际航运等相关产业，加快发展航运衍生品交易，促进综合中转业务发展。在运输服务领域，上海自贸区致力于建设国际航运中心，大力发展航运服务业。

三、上海自贸区推动投资规则创新

（一）《中国（上海）自由贸易试验区总体方案》的目标与任务

上海自贸区扩大投资领域主要有以下三大目标和任务。

1. 扩大服务业开放

创造有利于各类投资者平等进入的市场环境。金融服务、商业服务、专业服务、文化服务、社会服务等领域逐步加大开放力度，降低准入门槛。暂停或撤销投资者资格、限制经营范围等限制。

2.探索建立负面清单管理模式

按照现行国际规则，试行外商投资准入前国民待遇，完善外商投资管理。外商投资项目已从以前的审批制度改为上海的通知制度。工商登记一经提交，就与按照国家有关程序改革商事登记制度，完善国家安全核查制度，建立安全、高效、开放的经济体系相联系。

3.构建对外投资服务促进体系

创新投资服务推进机制，加强外商投资前、后管理，形成共同的信息平台，做好统计和年检工作，支持各类实体外商投资。

（二）实施负面清单管理模式

负面清单对应于正面清单，凡不符合外资国民待遇和最惠国待遇的管理措施或绩效要求以及执行要求等的管理措施，均应列明。负面清单管理是指将外国投资者纳入有条件限制或外国投资者明确禁止的项目清单。名单之外的项目可由外国投资者自由进入，外贸法规基于"法无禁止者，皆可为之"的原则。对外贸易负面清单的管理符合中国经济管理的发展趋势和现行世界贸易体制的规则，是提高中国开放型经济水平的现实举措。

（三）构筑对外投资服务促进体系

国家发展和改革委员会的外商投资项目分为两类：一般项目和特殊项目。对1亿美元以上的境外收购项目，必须在开展实质性工作前向国家发展和改革委员会提交项目信息报告。中国投资3亿美元以上的资源开发项目和中国投资1亿美元以上的境外资源开发投资项目，由国家发展和改革委员会批准。投资额在100万～1亿美元的当地公司投资的项目，须报国家发展和改革委员会备案。专项审批由国家发展和改革委员会批准。经国家发展和改革委员会或国务院批准的项目，公司提交项目申请报告后，国家发展和改革委员会应在20个工作日内完成批准，批准后可延长10个工作日。

上海自贸区针对境外投资项目管理，实行备案制管理。投资项目为资源开发类的境外企业投资额低于3亿美元以下，非资源开发的中方投资在1亿美元以下，实行备案管理制。相关的企业必须提交"自由贸易区外商投资申请表"，并提交相关文件供审查。管理委员会在5个工作日内对提交外商投资项目的申请作出回应。

中国人民银行和国家外汇管理局（简称"外管局"）旨在有效监控企业账户资金和跨境融资。国内外公司在国内银行开立国内账户，该账户的跨境转账受中国人民银行和国家外汇管理局的监管，不同于一般跨境自由转账到离岸账户。如果该账户用于资助外国投资和初创企业，则该账户会受到限制。当国内外公司为实现这一目标而干预外债时，它们就会获得经济支持。在外汇债务干预的情况下，中长期外债必须经国家发改委批准，短期外债余额必须经国家外汇管理局批准，并且外债资金可用于投资，但不得用于放款。即便境内外企业介入人民币外债时，也须经上述部门批准，并且在境内外企业向其他境内外企提供担保时，担保设立及履约必须经由外管局核准和登记。

上海自贸区在账户资金转移和本外币跨境融资政策上取得重大突破，促进了外商跨境融资。上海自贸区内的企业可以设立国内外自由贸易账户，实现单独核算，可以通过自贸区账户自由办理跨境融资担保等业务，账户内的本外币也可以自由兑换，为区内企业跨境融资带来极大便利。

上海自贸区突破了现行的外商投资管理体制，将自贸区内企业的外商投资授权制度改为存款制度，加大自由贸易账户跨境灵活融资力度，提高了外国投资者融资的舒适度。

（四）原有外资审批体制带来的革命性改变

1. 将核准制改为备案制

核准制包括外国投资者向当地各级商务主管部门提交公司章程、公司拟定或修订的合同等文件，然后公司根据相关商务部门批准的业务范围进行登记。审批制度改为备案制度后，上海自贸区实行负面清单管理。清单以外的项目无须经相关交易部门批准，可直接向交易部门登记领取营业执照。审批制向档案制的转变，使现有的外商投资审计审批制度发生重大变化，倒逼政府转变职能，缩小政府边界，进一步简化管理和分权，深化审计许可制度改革，推进政府向服务型政府转变。

2. 对外国投资者实施商事登记制度改革

为吸引外国投资者在上海自贸区注册公司、投资、开展贸易，上海自贸区积极改革商事登记制度，体现在 7 个方面，如图 7-5 所示。

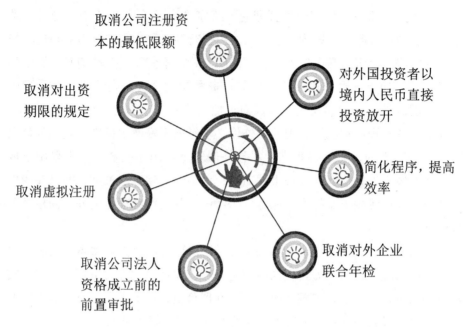

图 7-5　商事登记制度改革

（1）取消公司注册资本的最低限额。若为有限责任公司，最低资本为10万元；其他情况下的最低资本为3万元。上海自贸区工商部门将公司注册资本由实收登记制转为认购制，废除低注册资本额，极大地促进了资源不足的初创企业的创建。

（2）取消对出资期限的规定。外国投资者必须在公司营业执照签发后3年内缴清全部股本。上海自贸区取消了外商在自贸区设立公司的资本登记和出资期限限制，不再收取外资审计报告，允许零首付创办公司。资金不足的外国投资者，在前3个月支付首期注册资本即可，降低了成立一家公司的资本成本。

（3）取消虚拟注册。在上海自贸区，注册企业必须至少拥有20平方米的独立办公场所和配备简易的办公设施，以此防范一些国外投资者为获取税收优惠政策，只注册不经营。取消虚拟注册提高了不良外国投资者的作假成本。

（4）取消公司法定代表人资格成立前的前置审批。上海自贸区实行证前登记制度。在取得公司营业执照之前，无须事先授权，在收到公司营业执照后，方可开展一般业务活动。公司取得营业执照和法人资格后，只需在开展相关业务活动时再去办理相关证件或相关许可证即可，大大促进了企业经营的自主性和投资便利性。

（5）取消对外企业联合年检。上海自贸区积极改革商事登记制度，取消年检制度，转换为企业年报公示制度，节约了政府及相关部门和企业的人力、物力、财力以及时间成本。

（6）简化程序，提高效率。上海自贸区外，证件齐全情况下至少需要3周时间才可获得营业执照；上海自贸区内，根据现行外资企业从事负面清单以外项目实行备案制和登记中的先照后证原则，在资料齐全情况下，外资企业4个工作日内即可获得营业执照，提高了办事效率。

（7）对外国投资者以境内人民币直接投资放开。上海自贸区内提升对外开放程度，进行金融体制改革，逐步实现人民币资本项目转换、跨境使用和利率交易。外国投资者可直接以境内获得的合法人民币进行直接投资。

参考文献

[1] 苏巧勤，胡云清.国际贸易 [M].北京：北京理工大学出版社，2016.

[2] 郭士华.我国绿色金融体系运行机制构建与制度安排研究 [M].南昌：江西高校出版社，2019.

[3] 王丽萍，李创.国际贸易理论与实务 [M].北京：清华大学出版社，2016.

[4] 赵元铭，高南虎，边洁英.国际贸易与电子商务战略研究 [M].长春：吉林人民出版社，2017.

[5] 陈同仇，张锡嘏.国际贸易：第三版 [M].北京：对外经济贸易大学出版社，2009.

[6] 张鸿.中国对外贸易战略的调整 [M].上海：上海交通大学出版社，2006.

[7] 顾卫平.中国对外贸易战略性进展研究 [M].上海：上海人民出版社，2007.

[8] 谭祖谊.制度变迁与贸易战略：中国经验的启示 [M].北京：知识产权出版社，2014.

[9] 赵建娜.国际贸易 [M].北京：人民邮电出版社，2003.

[10] 刘应杰.中国经济发展战略研究 [M].北京：中国言实出版社，2018.

[11] 尹翔硕，强永昌，田素华，等.贸易战略的国际比较 [M].上海：复旦大学出版社，2006.

[12] 刘宏青.新常态下中国对外贸易战略的调整研究 [M].长沙：中南大学出版社，2015.

[13] 曹晶.京津冀服务贸易协同与创新：访中国国际经济交流中心信息部副部长王晓红 [J].前线，2021（12）：67–69.

[14] 赵瑛.跨境电商背景下国际经济与贸易的发展方向探讨 [J].质量与市场，2021（22）：151–153.

[15] 福建银保监局外贸金融课题组，徐金玲.新发展格局下金融支持外贸高质量

发展的研究与对策建议 [J]. 中国银行业，2021（11）：48-50.

[16] 崔颖. 全球服贸劲吹"南京风"：2021 全球服务贸易大会在南京成功举办 [J]. 中国外资，2021（21）：56-58.

[17] 崔颖. 中国服务贸易排名显著提升：《全球服务贸易发展指数报告（2021）》发布 [J]. 中国外资，2021（21）：64-65.

[18] 王维娜. 中小企业国际经济贸易现存问题与对策 [J]. 商业文化，2021（30）：33-34.

[19] 马雨萱. 新形势下国际经济贸易的发展 [J]. 投资与创业，2021，32（17）：38-40.

[20] 王琦璇. 国际经济贸易中外汇风险及防范措施探讨 [J]. 中国集体经济，2021（26）：19-20.

[21] 李齐. 基于经济新形势下国际贸易产业结构调整的分析 [J]. 营销界，2021(35)：7-8.

[22] 田堃. 跨境电商对茶产品国际贸易的影响研究 [J]. 福建茶叶，2021，43（8）：31-32.

[23] 陈思. 国际经济与贸易专业集中实践课程思政融入策略和保障：以跨境电商创新创业实训课程为例 [J]. 河南教育（高等教育），2021（8）：99-100.

[24] 郭云，刘璇，曹婷婷，等. 多元融合协同视角下大学生实践创新能力培养模式研究：以国际经济与贸易专业为例 [J]. 辽宁科技学院学报，2021，23（4）：23-26.

[25] 毛潇漪. 经济全球化与国际经济法的新发展 [J]. 法制博览，2021（23）：177-178.

[26] 王磊芸. 我国对外贸易中国际经济法的作用分析 [J]. 中国集体经济，2021(24)：113-114.

[27] 林程琳. 新形势下国际经济与贸易的发展趋势探讨 [J]. 老字号品牌营销，2021（8）：57-58.

[28] 张晓军. 电商时代商场参与国际贸易的营销思路及策略 [J]. 质量与市场，2021（15）：125-127.

[29] 金环. 甘肃省企业对外贸易经济困境与对策 [J]. 商展经济，2021（14）：42-44.

[30] 何靳鑫. 国际经济贸易发展与我国对外贸易战略选择研究 [J]. 营销界，2020

（37）：86–87.

[31] 叶珊.新形势下我国国际贸易经济的生态化战略选择 [J].经济研究导刊，2019（30）：155–156.

[32] 郭钲.国际经济贸易发展与我国对外贸易战略选择 [J].现代营销（信息版），2019（11）：107.

[33] 杨聪，刘禺，刘爽.国际经济贸易发展与我国对外贸易战略选择探讨 [J].商讯，2019（21）：42–43.

[34] 邓强.国际经济贸易发展与我国对外贸易战略选择 [J].中外企业家,2019(17)：104.

[35] 凡新凯，李洋."一带一路"战略背景下物流贸易分析 [J].广西质量监督导报，2019（5）：208.

[36] 吴明远.浅析国际经济贸易发展下我国对外贸易的战略 [J].中小企业管理与科技（下旬刊），2019（4）：61–62.

[37] 强微.从国际经济贸易角度浅析我国对外贸易的战略制定 [J].现代经济信息，2019（5）：151.

[38] 杨振方.国际经济贸易发展趋势与我国对外贸易战略选择 [J].湖北经济学院学报（人文社会科学版），2019，16（1）：53–55.

[39] 王树聪.国际经济贸易的未来发展趋势及我国对外贸易的战略选择 [J].现代经济信息，2018（24）：159.

[40] 杨宵.新时代我国国际贸易经济的生态化战略选择 [J].现代经济信息，2018（18）：130.

[41] 张学恒.服务经济全球化发展环境下我国服务贸易的战略发展 [J].产业创新研究，2018（9）：49–50.

[42] 刘杨.新形势下我国国际贸易经济的生态化战略选择 [J].现代交际,2017(22)：57.

[43] 高菀擎.国际经济贸易发展与我国对外贸易战略选择探讨 [J].纳税,2017(24)：147.

[44] 彭潇.国际经济贸易发展背景下我国国际经济战略制定 [J].农家参谋，2017（16）：258.

[45] 马峥.互联网经济时代我国国际贸易创新战略研析 [J].商业经济研究，2017（15）：126–127.

[46] 王弥．国际经济贸易发展与我国对外贸易战略选择 [J]．经济研究导刊，2017
（15）：161–162．

[47] 吴术策．我国国际经济贸易战略与趋势 [J]．纳税，2017（9）：100．

[48] 李春霞．经济一体化背景下我国对外贸易发展战略研究 [J]．中国商论，2016
（35）：65–67．

[49] 李文涛．国际经济贸易发展背景下我国国际经济战略的制定 [J]．现代经济信
息，2016（23）：145．

[50] 张大勇．加强"21世纪海上丝绸之路"战略支点建设研究 [J]．中国工程科学，
2016，18（2）：105–110．

[51] 江凤．债务危机影响下我国国际贸易战略探讨 [J]．东方企业文化，2015（17）：
261，265．

[52] 兰俏枝，杨丽丽．浅谈我国对外贸易现状与"走出去"战略的现实意义 [J]．
中国物价，2015（6）：22–24．

[53] 张雪莹，李维刚．电子商务在国际贸易中的应用 [J]．北方经贸，2014（5）：
66，68．

[54] 索毅．浅析当前我国国际经济贸易战略与趋势 [J]．现代经济信息，2014（9）：
171–172．

[55] 李巍，张玉环．奥巴马政府国际贸易战略走向与中国的应对 [J]．国际关系研
究，2014（2）：121–133，157–158．

[56] 朱淑芳．我国对外贸易发展的战略和手段研究 [J]．金融经济，2014（8）：
118–120．

[57] 汪晓红．我国国际经济贸易战略与趋势研究 [J]．中国市场，2013（46）：130–
132．

[58] 陈凌．国际贸易动态利益下我国对外贸易战略选择 [J]．商业时代，2013（9）：
62–63．

[59] 王卉．"新货币现象"下中国对外贸易发展战略思考 [J]．商业时代，2012
（35）：49–50．

[60] 夏明国．国际贸易健康壁垒应对之策 [J]．武汉商业服务学院学报，2011，25（3）：
35–38．

[61] 周婕如．浅谈我国商业银行国际贸易融资现状及其问题 [J]．现代经济信息，
2011（5）：72．

[62] 胡琴."十二五"仍是我国林产品国际贸易战略机遇期 [J]. 中国林业，2011（03）：18-19.

[63] 徐伟.试析我国中小企业参与国际贸易竞争所面临的挑战 [J]. 山东教育学院学报，2010，25（5）：104-106.

[64] 刘洋.当代国际贸易发展趋势及我国的战略对策探析 [J]. 中外企业家，2010（10）：15-17.

[65] 马铂.我国对外贸易发展的现状及战略思考 [J]. 中国商贸，2010（2）：167-168.

[66] 张中宁.中美两国自由贸易区战略比较研究 [D]. 北京：对外经济贸易大学，2018.

[67] 赵正东.俄罗斯转轨时期对外贸易战略研究 [D]. 长春：吉林大学，2016.

[68] 张曙霄.中国对外贸易结构问题研究 [D]. 长春：东北师范大学，2002.

[69] 马慧敏.当代中国对外贸易思想研究 [D]. 上海：复旦大学，2003.

[70] 王传荣.经济全球化进程中的就业研究 [D]. 成都：西南财经大学，2005.

[71] 唐志红.经济全球化下一国产业结构优化——一般理论及中国的应用 [D]. 成都：四川大学，2005.

[72] 易瑾超.中国对外贸易的可持续发展研究 [D]. 武汉：武汉大学，2005.

[73] 李明.后危机时代我国出口贸易发展战略调整研究 [D]. 南京：南京师范大学，2011.

[74] 李汉君.后 WTO 时代中国对外贸易发展战略的选择 [D]. 长春：吉林大学，2009.